La passion des
ARTS de la TABLE

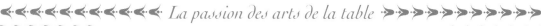

実用的な器・魅力的な器

美しい フランステーブルウェアの 教科書

文：イネス・ウージェル

写真：クリスティアン・サラモン

監修・訳：河合恵美

訳：中山久美子

Sommaire
目次

テーブルの装い方	8
陶磁器の皿	14
大皿と特別な用途の器	54
カトラリー	80
ガラス	110
食卓の装飾品	140
お茶、コーヒー、チョコレートの器	160
付録	182

P.2
アンティークの食器棚、テーブルクロス代わりのプティ、ブロカント（古道具）の中から見つけ出した美しいファイアンス陶器と洗練された磁器の数々。

P.4-5
アルベール・フーリー作の油彩画《イポールの婚礼》、1886年、ルーアン美術館蔵（部分）。

P.6
食器コレクション：リモージュ磁器のデザートと菓子用のセット、1860年。イギリスの紅茶用セット、1910年。ボーンチャイナのコーヒー及び紅茶用のセット、1910年。

∽ L'art de dresser la table ∽
テーブルの装い方

飾り気のない食器を使っていた中世の時代から私たちの祖母の時代に至るまでに、テーブルの装い方は進化してきました。それはファイアンス※1や磁器、ガラス器や銀器に関する技術の進歩のおかげでもあり、また同時に社会構造の変化によってもたらされてもいます。

美しいテーブルクロスとイギリス製の見事な食器セットにて、テラスでとる夏の洗練された食事の光景。

アナップ（大杯）とトランショワール

中世の時代、食堂という部屋は存在しませんでした。家の中のどの部屋でも、架台の上に細長い板を載せれば、それが食卓になったのです。会食者は一方の側に並んで座りました。テーブルクロスは白い麻製のいたってシンプルなもので、会食者の側に折り目がくるように二重にして敷かれました。ドゥブリエと呼ばれるもので、これで手や口を拭うことができました。このドゥブリエの習慣はすぐにすたれ、トゥアイユあるいはロンギエールという、テーブルクロスの上に置かれる独立した布が使われるようになります。皿の代わりにトランショワールという木製か金属製の小さな板にパンを載せ、次々にサービスされる料理はパンの上に盛られたのです。会食者は手づかみで料理を味わい、ソースが染み込んだパンは残されましたが、それは会食後、使用人たちに分け与えられました。給仕の負担を軽くするために、ときには錫製のエキュエル（小鉢）が二人の会食者の間に置かれました。それは底が平らなボウルで、通常、オ

レイヨンと呼ばれるふたつの把手が側面に付けられたものでした。大きなスプーン（金持ちの家ではヴェルメイユ※2。貧しい家庭では錫製か木製）を用いて、共通の大皿に盛られた料理とソースが、エキュエルの中に取り分けられました。14-15世紀から普及した先の尖ったナイフは、食品に突き刺して口に運ぶために使われました。フォークはまだ知られていなかったのです。ワインは多くの場合水で割ってアナップに注ぎ、会食者は順番に回し飲みをしていました。

フォークの登場

16世紀になると、テーブルクロスは相変わらず白い麻製のものが使われていましたが、きわめて稀に木綿のものも使われるようになりました。ダマスク織で、宗教的、あるいは軍事的なモティーフが登場するようになります。テーブルクロスはアイロンでつけた折り目が目立つようにテーブルに敷かれ、一人用の大きなナプキンが巧みに折り畳まれて添えられます。数十年の間に

※1：陶器の総称。P.17、P.182参照。　※2：純銀に金めっきを施す技法。P.182参照。

1. クロッシュのカバーをかぶせた料理を運ぶ使用人を描いた、19世紀末のクロモ（多色刷りリトグラフ）。

2. パーティー用の食卓にかけられた白いテーブルクロスは床まで垂れ下がり、華やかな効果を生んでいる。

3. 優雅なフォルムと控えめな装飾の、1930年代のクリーム色の磁器製食器セット。

ナプキンの折り方は次第に洗練され、鳥、蝶、木、花、貝殻、魚など、あらゆる形に折られるようになっていきました。当時流行していた襞襟を保護するために、殿方たちはナプキンを首の周りに結びます。イタリアで15世紀からすでに使われていたフォークは、カトリーヌ・ド・メディシスによって彼女の息子、アンリ3世の宮廷にもたらされました。2本の歯を備えたフォークは、同時に複数の人が使用するものだったため衛生的でないと見なされ、なかなか普及しませんでした。

一人用のカトラリー

17世紀には、各自が自分専用のカトラリー、つまりナイフとフォークを持つようになり、ケースに入れてベルトに付けて携行するようになります。柄の部分の色は、復活祭は白、四旬節の間は黒、聖霊降臨祭には白と黒、というように教会暦に合わせて多様化します。会食者一人一人の前には錫製の皿と、時にはコップが置かれました。やがて、テーブルアートに貢献することになる権力者が何人か現れます。マザラン※1は深皿を発明し、それは「ア・ラ・カルディナル（枢機卿風）」と呼ばれました。また、リシュリュー※2によって、ナイフの先が丸くなりました。17世紀の終わりには、カトラリーはお揃いのフォークとスプーンが、皿の脇に置かれるようになります。テーブルの中央には、ネフ※3と呼ばれる、高価な食品を納めた船形の容器に加えて、花が登場するようになります。

18世紀の豪華絢爛なテーブル

18世紀には、すべてが会食者の到着前にセッティングされる「フランス式」サービスが行われるようになります。食卓は壮麗に装われました。上質のファイアンスや軟質磁器の皿は一流の製陶所で作られたものでした。金銀細工品は銀製かヴェルメイユです。カトラリーは、彫り込まれた紋章が見える向きに置かれます。最初にサービスされる一連の料理は、手際よく正確な順序に従って配置され、冷めないようにクロッシュと呼ばれる釣鐘型のカバーがかぶせられていました。招待客が席につくと、使用人たちは一斉に「クロッシュを外し」、サプライズを演出したのです。各自が好みの料理を味わった後、二番目の料理群が並べられ、次いで三番目、さらにその次、と続きました。テーブルの中央には、香辛料入れであるとともに照明器具の支柱にもなっている、銀製か磁器製のドルマンと呼ばれるオーナメントが置かれていました。グラスは各自一客ずつで、デセルト、あるいはドレソワールというサービステーブルの上の、氷を満たしたグラスクーラーに用意されていました。グラスクーラーは1客用のものと、複数のグラスが入れられるものがありました。後者のタイプは、グラスクーラーの縁に溝がつけられ、グラスを斜めに差し入れて氷の中でくるくる回すことができます。ボトルは水盤またはワインクーラーに入れられていました。1750年以降は、ダマスク織のテーブルクロスに代わって白地に白で刺繍を施したものが使われるようになります。

「ロシア式」サービス

19世紀になると住居の構造が変化し、家はより小さな部屋で構成されるようになります。一部屋は食事専用になり、それが食堂の誕生なのです。インドからイギリスに

※1：1602-1661 フランスの政治家。イタリア生まれ。フランスの絶対王政の基礎を確立した。 ※2：1585-1642 フランスの政治家。ルイ13世の宰相となり王権の拡大を図った。 ※3：ネフとは船の意味で、テーブルアートの世界では船形の食品容器を指す。主に王族や貴族が食卓で使用する食器や調味料、スパイス類を入れたもので、地位と権力の象徴だった。後世にこの「ネフ」が塩入れの代名詞となり、食卓における重要な銀器の一つとして、広く欧州の宮廷で用いられるようになった。宮廷宴席では、ネフが置かれる位置で食卓の重要人物が判断できる程の象徴的な存在だった。

1, 2. 16世紀の2本歯のフォーク2種。

3. ルイ14世のフォーク。

4. 金で縁取られた白い磁器、1930年の銀製のカトラリー、銀製のキャンドルスタンド。様式をミックスしたシンプルな食器セット。

5. イニシャルを入れたナプキンとセットの、ダマスク織テーブルクロスと銀製のコップに活けたバラのブーケが醸すエレガンス。

6. テーブルクロスとナプキンは、修道女が刺繍をすることが多かった。

7. ジアン窯の美しい食器セット、カット装飾のクリスタル・グラス、柄が象牙製のナイフ、透明なキャンドルスタンド。すべてが洗練されたテーブルを構成している。

1.

2.

3.

輸入された木綿がフランスに大量にもたらされると、その使用法は急変していきます。テーブルクロスには麻に代わって透かし模様や刺繍、アップリケで装飾された木綿が使われるようになりました。ナプキンはより地味になり、折り方もよりシンプルになっていきました。そして「フランス式」サービスに代わり、「ロシア式」サービスが行われるようになっていきます。料理はあらかじめテーブル上に用意されなくなり、使用人によって順々に会食者のもとに運ばれるようになったのです。

クリスタルガラスと銀めっき

第一の偉大な発明品は、18世紀の終わりにフランスにもたらされたクリスタルガラス※1で、それによって1人あたり3客から6客のグラスがテーブル上に並ぶようになりました。二番目はイギリス人エルキントンによる、電気分解法による銀めっき製品の発明で、フランスではクリストフル社がその製法を取り入れます。テーブルウェアの工業生産が始まったこともこの時代の特徴です。この革新によって、新興ブルジョワ層は、食事とパーティーに関してはそう費用をかけずに貴族と肩を並べることが可能になったのです。19世紀の終わり頃には、テーブルを装飾するオーナメント兼食器が重要アイテムになり、魚用のカトラリーや牡蠣用のフォーク、角砂糖用トング、アスパラガス、アーティチョーク、貝類そ

れぞれ専用の器や大皿といった新しい品々が登場するとともに、ナイフレストやナプキンリングのような小物類が、ブルジョワ層の新しい習慣に伴って発明されました。テーブルクロスは変わらず白でしたが、色糸による刺繍が見られるようになります。

モダンなテーブル

アール・ヌーヴォーは、その特徴であるやわらかいフォルムと波打つようなラインをテーブルにもたらします。テーブルクロスは透かし模様で軽やかになり、花や昆虫の刺繍が施され、レースで飾られ、ほとんどの場合同系色でまとめられるようになりました。カトラリーはあふれんばかりの葉の模様で飾られ、依然としてたくさんあった、オーナメント兼用の食器は、前世紀末の仰々しい重さが失われていきます。1920年代頃、テーブルクロスは、さりげないパステル調の、時に白を混ぜた穏やかな色調ではありましたが、ついに色ものが登場するようになります。そしてますます軽やかになり、時としてランチョンマットが代わりに使われたりもしました。テーブルクロスとお揃いのナプキンはより小さくなり、主流になったのはリネンとオーガンジーでした。やがてカトラリーは再びシンプルなフォルムに向かいますが、それらもまた、ピエトラ・ドゥーラ※2やガルーシャ※3でできた柄の部分に色が使われるようになりました。

※1：17世紀にイギリス人レーベンスクロフトにより発明された。　※2：メノウや水晶などの堅石。P.182参照。
※3：エイやサメの皮。P.182参照。

LES ASSIETTES
陶磁器の皿

コントラストの効いた配色やカマイユ（単色画法）の濃淡、花々、オリエントに想を得たモティーフ、動物、人物、風景。おびただしい数のファイアンス陶器や磁器の皿の世界は、まるで絵本のように広がり、私たちの目を驚かせ喜ばせてくれます。私たちは皿そのものの美しさ、伝統的な技術、職人の才能の表現などの虜になり、また皿にまつわる想い出 ── 例えば祖母の家での日曜日のランチ、家族みんなが集まる家で過ごしたヴァカンス ── にも魅了されてしまいます。

かつて家庭の主婦は数十点からなる食器セットを一組または複数組持っていたものでしたが、現代では、僅かな点数のセットを持つにとどまっています。例えばバルボティーヌのデザート皿6点や、丸みを帯びたレギュミエと呼ばれる野菜用の蓋付の深皿、あるいは、色彩やモティーフに統一感がありさえすれば、不揃いの皿のセットであっても構わなくなってきています。洗練されたテーブルとは、様式や時代をミックスしながら、ひとひねりしたものに変わってきました。テーブルアートは言ってみれば、簡単な娯楽なのです。

数としてはあふれすぎていますが、テーブルアートの楽しみを敬遠するなかれ。ファンタジーに満ちたテーブルのために情熱をもって古いものを探し出し、自分だけのささやかな、美術館を作り上げましょう。

LES ASSIETTES 陶磁器の皿 | 17

~ Faïence et porcelaine ~
ファイアンス陶器と磁器

これは上質ファイアンス陶器、それとも軟質磁器？ 装飾は手彩あるいはプリントのどちら？ 陶磁器の専門用語は数多くバラエティーに富んでおり、そう簡単に意味が分かるものではないのです。知っておくべき重要なポイントを、ここで大まかに説明しましょう。

2.

3.

4.

起源

初期の陶工たちは、粘土を手に取り、それを焼成して堅くしました。次に、この焼成しただけの土では水が浸みてしまったため、そこに釉薬をかけて再度焼成し、防水しようという考えが生まれます。新石器時代にはすでに、こうした陶器が中国で作られていましたが、唐の時代（618-907年）になると商人たちがイスラム諸国に中国の陶器を広めたため、これらの国々はすぐに影響を受けます。13世紀にイスラム圏が拡大すると、こうした新しい陶器はヨーロッパ、特にスペインとマヨルカ島にまで到達しました。やがてルネサンス期のイタリア人が、イスパノ・モレスク陶器「マヨリカ」を発見し、デルータ、ウルビノ、グッビオ、シエナ、ファエンツァといった都市で独自の技術を発展させるようになります。この最後に挙げた都市の名こそ、「ファイアンス」の語源であり、14世紀にフランスに移住したイタリア人がもたらした陶器なのです。しかしヨーロッパの陶工にとっての大きな課題は、中国で作られる磁器の製法の秘密を発見することでした。そのためには、5世紀近くもの時を待たなければならなかったのですが……。

ファイアンス陶器

こうしてフランス人が見出したファイアンスとは、全体に色が付いている粘土を主成分とする陶器で、浸水性があり、組成は粗く、鉛を含んだアルカリ性の溶液に錫の酸化物を加えた不透明な釉薬で覆われているものです。この釉薬は素地の土の色を隠すとともに、主にコバルトブルーを用いた絵付け用の顔料がつきやすいのです。4世紀もの間、陶工たちは製品の品質を改良する努力を続けてきました。そのために彼らは二つの方向を追求します。一つは素地の研究で、より細かく、堅く、白い素地を求め続けます。もう一つは装飾の改良で、より多くの色彩を用いて、ますます緻密な模様を描いていくのです。

16世紀から17世紀にかけてフランスで製作された最初のファイアンスは「グラン・フー（高温焼成）」*1 という技術によるもので、生の釉薬の上に直接顔料で絵付けをし、さらに釉薬をかけて全体を高温で焼成します。このような方法で、ヌヴェール、ルーアン、ムスティエ、ストラスブール、マルセイユなどの各地でファイアンスが作られました。この技術では、残念ながら一部の色彩、特に赤系の絵付けがができないにもかかわらず、これらの地では、この技術を最大限に活かすことに成功しました。

しかし17世紀の末に、ストラスブールで「プティ・フー（低温焼成）」*2 の技術が考案されるようになります。これは成形し釉薬をかけて一度焼いた後に、多色で絵付けを施し、再度低温で焼成するというものです。この技術のおかげで、高温に耐えられない顔料、例えば鮮やかな黄色や紫なども幅広く用いた精緻な絵付けが可能になりました。

P.14 皿の絵付けは、型紙を用いて点描で下絵を描き、絵付け師が筆でなぞる方法や、プリントする方法、あるいはここに見られるような型を用いたポショワール*3 によって、手早く行われる。

1. レイヨナン（放射状）装飾の例。ルーアン製陶所、17世紀。

2. 狩の場面を描いたグラン・フーによるファイアンスの皿。ムスティエ製陶所、1740年頃。

3. グラン・フーによるファイアンスの皿。絵柄はイタリア風の《エウロペの略奪》で、フランソワ・ショヴォーの原画に基づく。ヌヴェール製陶所、1680年頃。

4. カマイユ・ブルーで田園風景が描かれたファイアンスの皿。ヌヴェール製陶所、17世紀後半。

※1、※2、※3：P.182参照。

LES ASSIETTES 陶磁器の皿

1. 口縁に曲線状の装飾が施された、グラン・フーの皿。マルセイユ製陶所、18世紀。

2. 深紅色だけで絵付けされた磁器の皿。ヴァンセンヌ製陶所、1750年頃。

3. アール・ヌーヴォー風の装飾が施された磁器の皿。リモージュ製陶所、19世紀末。

4. 幾何学的な要素と花を組み合わせた田園風スタイルの皿。20世紀。

5. タンポポの花の縁取りがある磁器の菓子皿。1920年頃。

6. ファイアンスの皿。フランス南西部地方、1940年頃。

7. 編目のモティーフと透かし彫りで縁取られた、バラ模様の白い磁器のデザート皿と菓子皿。19世紀。

上質ファイアンス

装飾がますます緻密に描かれるようになる一方で、イギリスの陶工たちは「上質ファイアンス」を開発するようになります。スタッフォードシャーで1720年に考案されたこの技術は、1760年頃ジョサイア・ウェッジウッドによって改良されました。これは、白か象牙色の不透明な素地を用いた陶器で、素地は組成が細かく、緻密でよく音が鳴り響き、アルカリと鉛の混合物から成る比較的硬めの透明釉がかけられているものです。焼成温度は約1100度です。このように技術の進歩で素地はより細かく、素色はより白くなり、そして頑丈になっていきました。イギリス製の上質ファイアンスの侵攻に、フランス人は影響を受けます。移住した多数のイギリス人陶工から指導を受けることになりました。19世紀全般を通じて、フランスの素地は改良を続けていきます。まずパイプ用の陶土が使われ、次にやや上質のロレーヌ地方の土、さらにイギリス式の白色粘土を原料とする陶土が用いられ、そして遂に、半磁器とも呼ばれる、長石を含む陶土によるファイアンスにたどり着くのです。サルグミーヌ、ショワジー＝ル＝ロワ、ジアン、クレイユ、モントローの製陶所は、19世紀後半に開催された産業博覧会で多くの賞を受賞することになりました。

軟質磁器

これに並行して、陶工たちは中国磁器の秘密を追求し続けてもいました。中国磁器に近い陶土を発見した最初のフランス人は、ルーアンのエドメ・ポトラで1673年のことでした。しかし、この「軟質」と呼ばれる磁器の名声を確立したのはサン＝クルー製陶所で、ここはルイ14世の弟オルレアン公フィリップ1世と、次いでその息子である、ルイ15世の摂政・オルレアン公フィリップ2世の庇護を受けた窯です。高名な庇護者に支援された他の製陶所も後に続きます。コンデ公に庇護されたシャンティー窯、ヴィルロワ公のメンシー窯、メーヌ公妃のソー窯、そして国王の庇護を受けたヴァンセンヌ窯（後の王立セーヴル製陶所）などです。こうした製陶所は、彼らが得た特権によって競争から守られ、磁器の研究に投資することができたのです。18世紀を通じて、これらの製陶所では、比類なき優美さを備えた名品を製造しますが、この特権は革命によって消滅することになります。軟質磁器とは、石灰質の白い粘土と、二酸化ケイ素と酸化アルミニウム、炭酸ソーダ、水酸化カリウムの混合物から構成される、カオリンを含まない素地でできています。800度から900度で1回目の焼成を行った後、この「ビスキュイ」と呼ばれる器は、通常は鉛を主成分とする透明釉をかけられ

1.

2.

3.

1. 把手と蓋のつまみが蛇の形をした、ファイアンスのレギュミエ（野菜用深皿）。ルーアン製陶所、18世紀。

2. ロココ様式の、プティ・フーによるファイアンスの脚付きクープ（鉢）。ストラスブール製陶所、1755年頃。

3. ロカイユ様式の磁器のクープ。シャンティー製陶所、18世紀。

4, 5. フェリックス＝アンリ・ブラックモンによる、アヴィランド磁器製陶所のためのテーブル・セットと他の器の器形と装飾の2種類の習作。1876年頃。

ます。こうしてできた軟質磁器は、半透明の乳白色で、見た目は中国の磁器に近いのですが、脆いためナイフの跡が残ってしまいます。しかし、多色を用い、極めて繊細な装飾を施すことができたのです。

硬質磁器

1709年、ザクセン地方のマイセンで働いていた化学者ベトガーがカオリンの鉱床を発見しました。この物質こそ中国の磁器の成分に含まれているもので、彼はついに、「中国の磁器と同じくらい美しい磁器を作る」という全ての陶工の夢を実現したのでした。「硬質」と称されたこの磁器は、したがってカオリンと長石、石英を主成分とした素地でできているものです。

ストラスブールとニデルヴィレの製陶所が、フランスで最初にザクセン地方から輸入したカオリンを用いて硬質磁器の製陶に着手しました。しかし硬質磁器の製陶が大規模に展開されるのは、1768年にリモージュ近郊のサン＝ティリエで、リムーザン地方の外科医の妻、ダルネ夫人がカオリンの鉱床を発見したことが契機となってのことでした。セーヴル製陶所は直ちにリモージュに拠点を設けます。パリでは、1780年から1840年の間に活動していた少なくとも15の製陶所が、この純白の磁器を製造しました。ついにリモージュは磁器の中心地となり、その名はヨーロッパ全土、さらには大西洋を越えてまで知られるようになったのです。

様式の進化

17世紀から18世紀初頭のファイアンスの皿は、金銀細工製品の様式、特にロカイユ装飾を模したものでした。曲線で縁取られ、米粒とうねの形を彫り出した装飾が施され、手彩による絵付け、特に花や中国風のモティーフ、葉飾りで加飾されていました。アンピール期には、皿の形はより簡素になります。古代様式の再来です。皿は多くの場合八角形（オクトゴナル）で、縁にはパール状やギリシア雷文状の渦巻模様が浮彫りされました。白鳥、アカンサスやオークの葉が装飾の主要なテーマを構成し、常にきわめて均整のとれた方法で用いられました。王政復古期と七月王政期には、ネオ・ゴシックのモティー

※1：窯の中で皿を支える台。

フが復活したことが特徴です。ナポレオン3世時代には様式は混ぜ合わされ、「折衷主義」と呼ばれましたが、つまりは過去の模倣でした。

19世紀の終わりには、柔らかな色彩で描かれた、鳥やしなやかな花々がすべての皿に非対称に配されました。ジャポニスムの時代です。アール・ヌーヴォーの到来にともない20世紀初頭には、自然から借用したモティーフは様式化する傾向が見られました。1920-30年代には、アール・デコが過剰な装飾を排し、幾何学的なモティーフや直角が好まれるようになりました。

コレクターの方々へ

ファイアンス陶器と磁器の区別

外見：ファイアンスは艶がなく不透明で、磁器は薄く半透明です。

感触：ファイアンスはやや不規則な凹凸が感じられます。磁器は釉薬が均質であるため手触りもなめらかです。

音：ファイアンスは鈍い音がし、磁器は澄んだ音がします。ただし磁器製品の音は、その物の状態も同時に明らかにします。完全な状態であれば澄んだ音が鳴り、修復されていれば、より鈍い音になります。

硬質磁器と軟質磁器の判別

皿の縁がなめらかで、冷たく、手が切れそうなほどくっきりと輝いているなら、それはおそらく硬質磁器でしょう。軟質磁器はもっと乳白色で、温かみがあります。そしてより脆いのです。

灰色、ピンク、赤？

17世紀のフランスのファイアンスは青味がかった釉薬がかけられています。皿を裏返すと素地本来の色が見え、その皿がどこで作られたかを知ることができます（より灰色がかった素地は北フランス、ピンクがかっているのはルーアン、赤味が強いのは南フランス、など）。

ペルネット※1の秘密

「グラン・フー」または「プティ・フー」？ 皿の裏側を見ると、ペルネットの跡が見られます。これは焼成時に積み重ねた器物が破損するのを防ぐために用いる少量の粘土で、グラン・フーの場合は跡が3つ残り、プティ・フーの場合は6個か9個の跡が残ります。

1.

2.

3.

4.

LES ASSIETTES 陶磁器の皿 | 23

1. 地方で作られたスプーン・ホルダーと18世紀のファイアンスの皿。
2. クレイユ・エ・モントロー製陶所のファイアンスの食器「ナポリ」シリーズのマーク。
3. リュネヴィル製陶所のファイアンスのマーク。
4. 田舎風の食器棚に収まった花模様の皿のコレクション。
5. サルグミーヌ製陶所のファイアンスの3つのマーク。1900年頃の「トキオ」、1875年7月21日の「孔雀の羽」、1900年と1925年のカタログに掲載されているマーク「ヒナギク」。

マークとサイン

サインは製造元のシンボルになるものです。製造元のイニシャルや、そこに添えられた職人のイニシャル、あるいは製造元のメーカー名を省略せずに記されるものもあります。製陶所のほとんどは、何年かの間にマークを変更しています。そのおかげで正確な製作年代を知る助けになりますが、単なる愛好家にとってはかえって分かりにくいことになります。古いファイアンス製品には、全くサインがないものも多くあります。ファイアンスの場合、偽物はルーアン、ムスティエ、ヌヴェール、ストラスブール、マルセイユの古い製陶所に関連する物がほとんどです。見た目が完璧すぎるものはかえって疑わしいものです。逆に、欠点にはすべて筋の通った理由があるものです。軟質磁器については、製陶所は製品に特有の記号を入れました。サン=クルーの初期の試作にはルイ14世の太陽のマークが残っています。古いマークの場合、庇護者を意味するマークであることがほとんどです。例えば、セーヴルにはルイ15世を表す、組み合わされた2つのLが記され、シャンティーにはコンデ公を表す狩の角笛が記されています。時として、特にセーヴルやヴァンセンヌに見られるものですが、ろくろ職人や成形職人が、特有の小さな記号を刻んでいることがあります。例えば古いパリ窯のように、他に全くマークがないものの場合、どこの磁器かを識別できるので貴重です。1753年以降は、サインに加えて製品が製造された年に対応する文字が入れられるようになりました。Aが1753年、Bが1754年、といった具合です。アルファベットが一巡すると、次はAAから始まりました。この年記は、フランス革命以後は途絶えてしまいました。

硬質磁器には、ほとんどの製品でサインが入っています。正確な鑑定を行いたい場合には、サイン目録のマニュアルを利用するのをお勧めします。

直径の問題

伝統的な平皿は直径が23～25センチで、「アメリケーヌ（アメリカ式）」と呼ばれるものが26センチです。位置皿※1は最近の発明品で、地方の豪華なレストランから生まれたものです。直径が28センチで、とりわけ装飾が豊かです。食器を配置する際には、皿と皿の間を少なくとも40センチあけるのが望ましいとされています。パン皿（16センチ）はイギリスからやって来たもので、平皿の左上に置きます。半月型のサラダ用の皿は、皿を余計に交換しなくて済むので便利ですが、あまり使われません。デザート皿はあらかじめ用意しますが、テーブルの上には出しておきません。

給仕（サービス）

今日私たちが知っている食器のセットは、19世紀に、新興の産業界出身の富裕なブルジョワ階級の台頭や、権力者の模倣をしたくてたまらない中流階級の出現に伴って登場しました。このニーズに応えるためには低コストで大量生産することが必要でしたが、そのための技術は、当時、磁器とファイアンスの製造産業には備わっていたのです。自宅、とりわけダイニングテーブルは、その家庭の社会的な地位を表現する手段になりました。結婚する娘は嫁入り道具一式を携えていきますが、若い夫に贈られるのは、ファイアンスや磁器、銀器にグラス類だったのです。食器の数は、数十点、あるいは数百点にも及びました。その構成は、まず平皿と深皿、デザート皿、さまざまな大皿に加え、スーピエール（スープ鉢）やレギュミエール（野菜用深皿）といった、さまざまな形のものなどで成り立っていました。

5.

※1：座る位置を決めるために、あらかじめテーブルの上に置かれている皿のこと。アンダープレート、サービスプレートとも呼ばれる。

24 | LES ASSIETTES 陶磁器の皿

お手入れ

油染みの洗い方
洗い桶に湯をはり、オーガニック洗剤を加えた中に皿を浸します。20分ほどおいたら、ブラシで染みの部分をこすります。冷たい水ですすぎ、乾かした後、100度に温めたオーヴンに30分入れておきます。染みが取れない場合は、この作業をもう一度行います。

染みの脱色
真水に浸した後、染みの部分に、過酸化水素水1に対して水3の割合で混ぜた液体に薄めたアンモニアを数滴加えたものを塗ります(風通しの良い場所で行ってください)。プラスチック製の袋に入れて20分ほどおいたら、真水ですすぎます。

ひびの補修
ひびの部分を石鹸水をつけた綿棒で拭います。全体を石鹸水に浸さないようにしてください。これで不十分なら、アセトンかセルロースを主成分とする希釈液に浸した歯ブラシでひびの部分をこすります。すすいで乾かします。
ひびに沿ってエポキシ系接着剤を爪楊枝で塗り、100度のオーヴンに5分間入れておきます。ひびが開いて接着剤を吸収します。
オーヴンから出したら、燃料用アルコールで余分な接着剤を拭き取り、皿の周囲を粘着テープで固定します。硬化を促進するために再度オーヴンに入れて10分おき、冷まします。

1. 磁器皿のさまざまな模様の例。皿の縁だけに模様があるものと、見込みの部分にも模様があるものがある。
2. 図案化された花模様の磁器の食器セット。クレイユ・エ・モントロー製陶所、20世紀初頭。

1.

LES ASSIETTES 陶磁器の皿 | 27

~ Le bleu et blanc ~
ブルー・アンド・ホワイト

ブルー・アンド・ホワイトの食器セットや皿は、時代や様式、またその模様を問わず、実に多くの種類があります。その理由は単純で、コバルトがもたらす青の顔料は窯の高温に最もよく耐えられるので、扱いやすく、確実に仕上がるからです。何世紀にも渡って、新しい技術が開発されるたびに、その技術は必ずと言ってよいほど、まず白地に青でテストされてきました。しかしこの無数にあるブルー・アンド・ホワイトの陶磁器を、どうやって見分ければよいのでしょうか。この分野に関しては、すべての窯（つまり中国、オランダ、イギリス、フランス）がお互いに真似をし、影響を与え合ってきたということを知る必要があります。見分けるためのいくつかのポイントを見ていきましょう。

2.

3.

中国に驚嘆

ブルー・アンド・ホワイトの陶磁器について考える時、まず思い浮かぶのは中国の磁器です。1295年、マルコ・ポーロは東洋遍歴から戻った際に、多くの宝とともに食器を持ち帰りました。それは半透明できわめて白かったので、彼はそれを、同じような外観の貝の名前から「ポルチェラ」と命名しました（詳しく言うと無粋なのですが、この貝の名前自体が、外見が似ている……雌豚の外陰部の名称から付けられています）。何世紀もの間、ヨーロッパの陶工や錬金術師はこの中国の素材の秘密を探り続けました。

しかし、この磁器がヨーロッパに大量にもたらされるようになるのは、16世紀末まで待たなければなりませんでした。1497年、ヴァスコ・ダ・ガマが喜望峰を回り、極東との交易に大いなる展望を切り開きます。ポルトガル人が、次いでオランダ人、イギリス人、そしてフランス人が、代わる代わるこの交易の独占権を手に入れました。何百隻もの船が、お茶や香辛料、絹を積み、船倉にはバラスト※1の代わりに磁器を詰め込んで、東洋と西洋の間を往復しました。17世紀初頭から19世紀末までの間に運ばれた磁器は数百万点に及び、その大部分は青花や染付とそれぞれ呼ばれるブルー・アンド・ホワイトで、ヨーロッパに輸入されたのです。ヨーロッパで模倣されたことは言うまでもなく、その数は2世紀に渡って増大していきました。

かくも美しき青

中国では唐の時代（618-907年）から磁器が生産されてきました。その透明感は素地の組成によって得られるもので、それはカオリン（中国の一地域、景徳鎮地方の高嶺に由来する語）と、結晶質の鉱物で釉薬にも用いられる「ペーツンツェー（白不子）」の混合物で、1300度から1450度の間で焼成されます。このような高温下では、当時はコバルトによる青だけが確実に発色できたのです。

明朝（1368-1644年）の時代では、磁器産業は主にこの景徳鎮地方で行われ、イエズス会士アントルコールの話を信じるならば、そこでは3000もの窯に常時火が入っていたそうです。伝統的な装飾の要素は、龍や鶴などの動物や、牡丹、蓮、菊といった花、そしてパゴダ（仏塔）でした。

外国向けに最初に作られた中国磁器は、オ

4.

1. 鉄分を含む土で作られた楕円形の皿、縁に青の濃淡によるバラ模様。19世紀末。

2.「ベラン様式※2」装飾のファイアンスの皿。ムスティエ製陶所、17世紀。

3.「コペンハーゲン」模様。サルグミーヌ製陶所。

4.「アンドロメダを救い出すペルセウス」が描かれたファイアンスの皿。ムスティエ製陶所、17世紀。

※1：船底に積む砂・砂利などの重量物。※2：P.28参照。

1.

2.

3.

1.《オルフェウスの竪琴》がプリントされた上質ファイアンスの皿。サルグミーヌのユツシュネデール製陶所、1900年頃。

2.「フローラ」モデルのファイアンスの皿。クレイユ・エ・モントロー製陶所。

3. サヴォーナの東洋風の模様が描かれたファイアンスの大皿。ヌヴェール製陶所、17世紀前半。

4. レリーフ状のガーランド模様が施されたファイアンスの皿の縁。

5. さまざまな色調の青。19世紀と20世紀の皿。

6.「小枝」模様の軟質磁器の皿。シャンティー製陶所、18世紀。

7. 花の装飾がふんだんに施された磁器の皿。19世紀末。

ランダ人が「クラーク・ポルセレイン」と呼んだ青花で、皿の見込み部分にはモティーフ(例えば鳥)が一つ描かれ、縁の部分は8個から12個の、交互に狭いものと広いものが連なる窓に書割りされ、それぞれに動物や花、あるいは仏教のシンボルが描かれていました。

17世紀になると、貴族階級の人々は彼らの紋章入りか、風俗画や風景画を描いた豪華な食器セットを発注するようになりました。この流行は、ルイ14世が奢侈に関する王令、つまり金製および銀製の品すべての溶融令を発布したために、ますます広がっていきました。一方、中国は少しずつ、もっぱら西洋向けの製品の製造に着手していきます。清朝(1644-1911年)の最初の200年間、中国の磁器職人は見事な磁器を作り続けました。しかし19世紀の間に品質は低下し始め、製品は過剰になり、贋物が大量に出回り、価格は下落したのです。

デルフトの精巧さ

磁器製造の秘密の鍵はなかなか解けませんでしたが、ヨーロッパの陶工たちはその見かけを真似することに努めました。17世紀初頭、オランダのデルフトでは、細かな装飾が施された、高温焼成の錫を含むファイアンスが作られました。その装飾モティーフは優雅な中国風のもので、初期には念入りに模写され、後には自由に解釈されて描かれるようになりました。作り出された素材は、中国磁器の硬さも透明さも備えていませんでしたが、デルフトの製陶所はおよそ40を数え、1650年から1750年にかけてはヨーロッパ最初の窯業の中心地になるとともに、ブルー・アンド・ホワイトの王座につき、コピーに次ぐコピーがつくられるようになります。

ルーアンのランブルカン(垂れ飾り装飾)

中国磁器に対するこの熱狂とは別に、フランス人は、現代まで続く白地に青の装飾を生み出しました。錫釉のファイアンスは16世紀の終わりにフランスの人々の間で大人気となりましたが、それは特に、1530年頃にルーアンに製陶所を設立し、当時流行していたイタリア風のスタイルを取り入れた製品作りを始めたマセオ・アバケーヌの功績によるところが大きいのです。しかしながらルーアンでは、17世紀末になるとカマイユ・ブルーによる新しい模様が考案されます。19世紀に「ランブルカン模様」あるいは「刺繍」と呼ばれるようになるこの模様は、当時の室内装飾家が壁や寝台の天蓋を飾るために盛んに使った、花綱のように垂れ下がる布から着想を得たものです。皿の装飾に応用されたこの模様は、同心円状の刺繍柄の帯が左右対称に配されたもので、皿の縁から見込みまで溢れんばかりに描かれています。この模様はフランスの大多数の製陶所で取り入れられるようになり、特にカンペールとジアンで多用されました。

「ベラン様式」の模様

もう一つのブルー・アンド・ホワイトの模様で最も称賛に値するのは、「ア・ラ・ベラン(ベラン様式)」と呼ばれるものです。1680年、ピエール・クレリッシーはプロヴァンス地方の小さな村、ムスティエにファイアンスの製陶所を開設しました。彼が最初に手掛けた装飾は、やはりカマイユ・ブルーによるもので、16世紀フィレンツェの画家アントニオ・テンペスタが描いた狩の場面に想を得たものでしたが、次に採り上げたのはジャン・ベラン(1639-1711年)の装飾モティーフです。ベランは国王付きの図案家で、国王主催の祝典に関する装飾家であり、その後2世紀に渡って大きな成功を収めることになる装飾図案集の著者でもある人物です。「ベラン様式」と呼ばれる模様はきわめて繊細なものです。イタリアのグロテスク文様に想を得たもので、小さな人物や神話上の動物、仮面、花々が、ガーランド(花綱模様)や組紐模様、アラベスク模様の形につなぎ合わされています。「ランブルカン」の模様と同じく、「ベラン様式」もフランスの陶磁器の古典的装飾の1つに数えられています。18世紀から19世紀を通して、ほとんどの製陶所がこの模様を手掛けていますが、特に南フランスでよく見られます。

シャンティーの「小枝」模様

相変わらず磁器の秘密を追求しながらも、17世紀末、陶工たちは繊細な絵付けを可能にするクリーム状の柔らかな陶土を発見しました。ルーアンで作り出されたこの陶土は、まずサン=クルーに、次にシャンテ

1. シンプルなヴィシー織風チェック柄の日常使いの食器。1950年頃。

2, 3, 4. 19世紀初頭のイギリスの食器セット。鳥が描かれた皿は、1枚ごとに絵柄が異なる。リボンと植物の蕾の装飾がついたタイプには、伯爵家の冠が描かれている。

ィー、そしてヴァンセンヌ、後のセーヴルへと広まっていきます。サン＝クルーはブルー・アンド・ホワイトの「ランブルカン模様」と「ベラン様式」の絵付けに秀でていました。シャンティーは新たに白地にカマイユ・ブルーによる、きわめて繊細で控えめな模様を考案しました。それらは「小枝」、「青いナデシコ」、「噴水」と呼ばれ、やはり各地で取り入れられて成功を収めました。特にアラスのものが有名です。

イギリスの「ウィロウ・パターン（柳の模様）」

しだれ柳のモティーフが用いられたこの模様は中国の装飾に影響を受けたもので、18世紀の終わりにイギリスで、おそらくトーマス・ミントンによって考案されました。当時は彫刻の見習い工だった彼は、後に自身の名前を冠した有名な製陶所を開設する人物です。この模様は19世紀全般を通じて、工業的な規模で生産されました。基本になる要素は、もちろん柳と、さらに楼閣、船、柵、人物（多くの場合3人）、島、そして愛を象徴する2羽の鳥です。イギリス人にたいへん好まれたこのパターンは、英仏海峡を越えてフランスでも製造され、特にリール、カレー、ドゥエーといった北部の製陶所と、東部で盛んに作られました。現在でもなお愛好され続けています。

永遠のブルー

19世紀後半から20世紀初頭にかけての時期、ファイアンスの窯元の大半が普段使いの安価な食器セットを製造しました。その多くはカマイユ・ブルーで模様が描かれたもので、ロバや雄ラバの背に積まれて、行商人がフランス中を売り歩きました。ドゥローム地方の2つの小さな村、サント＝ユズとサン・ヴァリエでは、大変シンプルな青い小花模様の、ストーンウェアに似たとても堅いファアンスを作っていました。こうした普段使いの食器と並行して、中流階級向けのより上質な、エレガントな装飾の食器も大量に作られていました。中流階級の人々も、貴族や富裕なブルジョワを真似て、時に総数100点ほどにも及ぶ全ピース揃いの食器セットを手に入れることができたのです。ファイアンスばかりでなく磁器の製陶所も、19世紀後半から20世紀初頭にかけては、装飾をアール・ヌーヴォーの自然主義的なものからアール・デコの幾何学的なものへと変化させながら、こうした食器セットの売り上げで生き延びてきました。クレイユ、モントロー、サルグミーヌ、そして中でもジアンがその例に該当します。1821年創業のファイアンス窯であるジアンは、ほどなくして顧客個人向けにカスタマイズした、イニシャル入りの食器セットを得意とするようになりました。同時にジアンは過去のあらゆる様式を完璧に模倣し、1860年からは、ルーアンとムスティエのかつての様式を踏襲することで、そのブルー・アンド・ホワイトは再び人気を得ました。

コレクターの方々へ

ブルー・アンド・ホワイトはいつの時代もコレクション欲を掻き立てます。

ルイ14世と数多くの貴族が、輸入され始めた当初から中国の青花磁器を蒐集し、中でも見事な品はしばしば金銀製品の枠にはめ込んで陳列されていました。

現代では、ブルー・アンド・ホワイトの皿をあちらこちらで、1点1点集めるのにクロイソス※1である必要はありません。美しいテーブルを作り上げるためにはあらゆる選択肢が可能です。青であってもモティーフが異なる不揃いの皿を取り合わせたり、明るい青から濃い青まで、さまざまな青で揃えたり、中国のモティーフや花模様だけを選んだり、あるいは青で模様が描かれた平皿の上に青いプリントのデザート皿を乗せるなど、重ねてセットすることもできます。私たちが祖母の家で見たことがあるような普段使いの食器で、ファイアンス製のブルー・アンド・ホワイトの愛らしい食器セットは数多く安価に見つけることができます。しかしながら17世紀や18世紀にさかのぼろうとすると、値段は跳ね上がります。こうしたコレクション・アイテムの皿で食事をすることなど、もはや論外です。

※1：莫大な富で知られる古代リディアの王。

1.

LES ASSIETTES 陶磁器の皿 33

2.

3.

4.

Les services unis, à reliefs, ajourés
レリーフや透かし彫りのある無地の食器

無地の陶磁器は素地の質の良さがわかり、彫刻的な装飾が映える品です。差し込んだ光が美しいファイアンス、南仏の黄色や緑、褐色で彩られたもの、そしてパリ窯やリモージュ窯の金で縁取られた磁器の雪のような白さのものなどは、シンプルでありながら洗練された魅力があります。

無地のシンプルさ

ファイアンスの職人たちは多色使いの装飾を好んでいましたが、サン=クレマンやストラスブール、マルセイユでは、18世紀半ばから白い無地の、時に金で縁取られた質の高いファイアンスを製造していました。他方、ムスティエやそのお隣のヴァラージュ、ブルジェ湖畔のオートコンブ修道院のファイアンス窯、そして南仏の全ての陶工の窯からは、輪郭が波状の曲線や多葉形に作られていたり、膨らみがあったりする美しい無地の大皿が産出されていました。

19世紀前半、フランス東部とパリ地域ではきわめて肌理の細かい素地が開発され、「パイプの土」と命名されます。このクリーム色の美しい素地には装飾はほとんど必要なく、透明な釉薬だけで充分でした。この素地によって、円形や八角形の、その時代のスタイルによってはパール状の縁飾りが施されることもある、安価な皿が作られたのです。世紀末には日常使いのために、多くのファイアンス窯が実用的な、さまざまなパステルカラーできれいに釉薬がかけられた無地の食器を作りました。一方、磁器の窯ではごくシンプルな白い食器を作る道を選びます。

ポン=ト=シューのクリーム色

イギリスで開発された上質ファイアンスは、陶芸界に真の革命をもたらします。フランスではファイアンスの職人たちが模倣しようと工夫を凝らしました。1740年、「英国陶土の模倣によるフランス王立陶土製陶所」がパリのシャロンヌ地域、サン=セバスチャン通りに設立されました。このファイアンスは「ポン=ト=シュー（キャベツへの橋）」という名称の方が知られています。というのもこの製陶所が、キャベツ栽培が行われていた窪地を横切る橋から遠からぬ場所にあったからです。ここで製品が作られたのはわずか15年間ほどでしたが、並外れて質の高い、無地でクリーム色の上質

1. パール状の縁飾りが施された八角形（オクトゴナル）の食器セット。アンピール期。

2-4. ポン=ト=シューのファイアンス。18世紀末。

(2) 丸いスーピエール（スープ鉢）。

(3) スーピエールの下に敷く皿。

(4) セットになった皿に載った楕円形のスーピエール。

1.

1.《食卓の一隅》ポール・シャバの油彩、1902年。

2. 1930年代の象牙色の食器セット。

3. プロヴァンス地方のファイアンスの大皿、18世紀。

4. プロヴァンス地方のファイアンスの大皿の復刻版。縁に透かし彫りと花のレリーフの装飾

5. パール状の縁飾りが施された磁器の食器セット。アンピール期。

ファイアンスが製造されました。その形は金銀細工を思わせるものでした。色彩による装飾は一切なく、ただ枝や組紐、米粒形のレリーフ装飾が、繊細な細工で施されていました。スープ入れの蓋のつまみは花や野菜の形で、ポットの把手は小枝を表し、大皿の把手には猟の獲物の頭部があしらわれていました。

南仏の黄色いファイアンス

ヴォークリューズ県のアプトは、ローマ帝国に占領される以前からの窯業の中心地でしたが、ここで作られるファイアンスの出来ばえの素晴らしさと質の高さが有名になるのは18世紀以降、とりわけ19世紀においてのことでした。上質ファイアンスが発明されたのはアプトであって、イギリスではない、と言う人もいます。それはともかく、アプトのファイアンスは根本的に独自のものなのです。まず色彩ですが、アプトはあらゆる色合いの黄色に絶対的なこだわりを持っています。他方、きわめて美しい大理石模様や碧玉模様※1の素地の製品も作っています。装飾については、ポン=ト=シュー同様、レリーフが特徴です。ファイア

※1：波型・縞模様

ンスの職人は彫刻家でもあったのです。最も多いのは「米粒」のモティーフですが、植物や花模様も見られます。お隣のカステレの製品は、5枚か9枚、あるいは12枚の花弁の小花や、葦、渦巻のモティーフのレリーフが特徴になっています。形はといえば、やはり金銀細工の影響を強く受けています。皿は輪郭が波型で、大皿は横長、その他の器は動物や果物をかたどったつまみで覆われ、把手は枝の形をしていました。時代が進むと、形はよりシンプルになっていきます。皿は八角形(オクトゴナル)でパール状の飾りで縁取られるようになります。自然な花のモティーフに代わって、雷文状の渦巻模様、バラ型、アカンサスの葉模様が使われます。19世紀末になると、アプトはサルグミーヌやイギリス、リモージュの磁器との競争にさらされ、20世紀の初頭になると製造は途絶えてしまいました。ユゼス、ヴァロリス、オバーニュ、フェジュスといった他の窯でも黄色やクリーム色、白のファイアンスを製造し、ディユーレフィでは緑、黄色、そして黒のファイアンスが好んで作られました。

透かし彫りと編み紐模様

トゥーレーヌ地方のランジェはファイアンス製造の小さな中心地で、透かし彫りが施されたファイアンスを得意としていました。ランジェでは、把手が可動式でブドウやサクランボ、イチゴ、ナシ、木蔦、オークの葉、ドングリなどで飾られたファイアンスのコルベイユ（カゴ）が作られていましたが、それだけでなく、縁に透かし彫りや編み紐模様を施した皿も作られていました。この独自の技術は、19世紀後半にニデルヴィレとマルセイユで、次いで1924年以降はマリコルヌで取り入れられました。ファイアンスの編み籠は、他にはムスティエ、ユゼス、オートコンブのものも有名です。

白い磁器

1768年にサン＝ティリエでカオリンが発見されると、2つの地域で高品質の磁器製品が作られるようになりました。パリとリモージュです。パリ窯は、素地の白さと肌理の細かさ、完璧な透明度が特徴です。白一色で金の縁取りがある食器セットが、この時代数多く作られました。

| 36 | LES ASSIETTES 陶磁器の皿

1. 口縁に金彩を施し、頭文字を入れた磁器の皿。20世紀。

2. 縁に透かし彫りとレリーフの装飾が施された皿。クレイユ・エ・モントロー製陶所、19世紀末。

3. イギリスの磁器の皿の縁に施されたレリーフ。ウェッジウッド、19世紀。

4. 磁器の菓子皿。トロンプ・ルイユ（だまし絵）効果で紐に見える。19世紀。

5. 光沢のある部分と素焼きの部分がある、果物の装飾が施された磁器。《皇妃》モデルの復刻版、R・アヴィランド・エ・C・パルロン。

1.

しかしながら、フランスで磁器製造の中心地となったのはリモージュでした。フランス革命の後、アリュオー、タロー、ベニョルといった一族がこの地に根を下ろし、いくつかの技術を完璧な域にまで究めたのです。エティエンヌ・ベニョルは金彩によって一層引き立つ混じりけのない純白を生み出し、タローは艶のない磁器と釉薬を施した磁器の、相容れない2つの技術の融合を試み、アリュオーの息子は幅広く帯状に金彩を施しました。19世紀後半にはプイヤ一族が、純白の薄い素地を作り出し、「モスリン」と名付けられました。透かしは錐のような道具を使って素地に施されましたが、透明さと不透明さの愛らしい対立が際立ちました。これが《米粒》という食器セットです。装飾はまるで彫刻家のように、素焼きの部分と釉薬をかけた部分の対比を生かしながら、純白の磁器に葉の模様や穂、麦の束を彫り出すのです。そうした例はたとえば、1855年に彫刻家ポール・コモラが作り出した《ケレス（フランス語の読みではセレス）》という食器セットに見ることができます。

少しずつ、白という色は金彩により引き立たせられるようになっていきます。金の単純な線で、「狼の歯」模様や花形装飾が描かれるのです。花やリボン、結び目模様の入った輪飾りで囲まれたイニシアルの白い食器セットは、ブルジョワの結婚の際にたいへん好まれました。リモージュは永遠に、白さの同義語であり続けるのです。

コレクターの方々へ

ポン＝ト＝シューの製品はめったになく、とても高価なため、コレクターズ・アイテムとなっています。

アプトとカステレの最も古い製品も同様に、コレクター向けのアイテムになっています。そうでない人の関心はむしろ、南仏のいくつかの窯が製作しているように、後から作られた模倣品や、現在でも伝統を受け継いで作られている製品に向かっています。

パイプの土で作られた皿、特に八角形のものはとても魅力があります。しかしパイプの土は品質が高いとはいえないので、多くの皿に傷や染みがあったりします。価格的には、充分手の届く範囲にとどまっています。

パリ窯やリモージュ窯で白と金の磁器を見つけるのは難しくありません。ただし、金の部分が良い状態かどうか確かめる必要があります。サルグミーヌの製品は人気があります。価格は、フランスの東部では他の地域よりも高くなっています。クレイユ・エ・モントローの製品は価値が確かで安定しています。ショワジーは人気が高まっており、カンペール、リュネヴィル、サン＝クレマンは大いに流行しているところです。

Les assiettes imprimées illustrées
プリント絵皿

19世紀に大量生産された絵入りの皿は、今でもたくさん残っています。デザート皿として使うこともできますし、調和する色の平皿と組み合わせることもできます。判じ物のような絵や軍隊生活の絵、あるいはお人よしをからかうシーンなど、少し古臭さを感じる絵柄ですが、やはり抗い難い魅力があります。

2.

小さな歴史

この手法は誰が発明したのでしょう？ 専門家からは、リヴァプールのサドラーとグリーンというイギリス人の名が挙げられています。彼らは1752年にはすでに、ファイアンスの絵付けに銅版画の技術を応用していたと思われます。フランスでは、おそらくアニジーのフランソワ＝アントワーヌ・ルグロが1808年以降にこの技術を再発見し、プリント技術に特化した製陶所を開設しました。クレイユやショワジーといったファイアンス製陶業者やセーヴルまでもが、絵付け前の品を彼に託したのです。当時のプリントは黒、または暗褐色でした。アニジーのルグロが、1819年の展示会で銀メダルを受賞したため、上質ファイアンスの製陶所は直ちに、敷地内に彼ら専用のプリントの工房を設置しました。なお、産業的規模でこの技術を導入した最初の製陶所はクレイユでした。

新聞から寓話まで

1837年頃までの装飾は単色で、青か暗褐色、あるいは黒で、白い上質ファイアンスや金属酸化物で着色された素地（もっぱらクレイユが黄色と、まれに緑の素地を製造）にプリントされました。次に、皿の絵付けは2色刷りになり、中心部分には黒、縁の部分には他の色、青か緑、赤などが用いられました。そして遂に、プリントされたファイアンスにポショワールでさらに色彩を加えた多色使いのものが現れます。1830年頃まで、絵付けのテーマや装飾は手描きのものと大差なく、モティーフは皿の見込み部分に集まり、縁には花々、アカンサスやオークの葉が巡らされていました。当初よく描かれたモチーフは神話で、中央部分には英雄や神々の生活が、縁にはパルメット模様やブドウの枝模様が帯状に描かれました。歴史の物語もよく扱われました。シャルル10世の義理の娘であるベリー公爵夫人が流行させた「トルバドゥール」は、ウォルター・スコットの影響を受けた装飾で、実に素晴らしいものです。歴代のフランス王、大革命、ナポレオンなども人気のモチーフでした。さらに地理学のテーマも登場し、都市や村、記念建造物の景観が控えめに描かれました。ラ・フォンテーヌの寓話や、古い歌、判じ物といった、ややくだけたテーマも登場していきます。

なぞなぞ、物語、シャンソン

ルイ＝フィリップ時代になると、皿は鮮やかな黄、オレンジ、青、モーヴ、茶といった多色の装飾で彩られるようになります。縁には果物、花束、チェック柄、ランブルカン模様などの複雑なモティーフが描かれ、中央部分は空想やユーモアがテーマの装飾で占められていました。一方、真面目な歴史的テーマや地図、戦争のシーン、偉人の肖像なども同様に人気がありました。第二帝政期には、よく知られるようにロカイユ様式や、より穏やかな色調への回帰が見られるようになります。皿の輪郭は花びらを模した曲線を形作り、縁には白地に白のレリーフで軽やかな装飾が施され、ステ

3.

4.

1. ある大司教の食器セットの、ファイアンスのスーピエールと皿。ショワジー＝ル＝ロワ製陶所、1850年。このタイプの食器セットが、後に大量生産されるプリントの装飾に影響を与える。ツゲ製の粥用のスプーン、18世紀。

2. 青と暗褐色で絵付けされた皿。野生動物のシリーズから、豹のモティーフ。

3. 田園風景が描かれた、縁にレリーフ装飾がある皿。第二帝政期。

4. 青と暗褐色で絵付けされた皿。《鉄の扉を前にしたオルレアン公》。

1.

1. 食卓用食器セットのためのイニシャル・デザインの習作。エミール・ガレ工房、1888年。

2. 見込み全体に冠と唐草模様が広がり、縁にはレリーフ装飾が施された大皿。19世紀末。

ッチや葉飾りを表したり、籠の編み目を模したりしたものも登場します。テーマは、大発明、芸術作品、万国博覧会、軍事ものなどがよく扱われ、『パリの秘密』や『モンテ・クリスト伯』などの当時の長編小説が、6枚の皿で語られました。シャンソンは皿1枚に1節ずつ表されました。諷刺、文字遊び、冗談、判じ物、なぞなぞ、ことわざといったユーモラスな発想が頂点を極めました。

19世紀末頃になると黒のプリントは使われなくなり、皿は再び色彩で彩られるようになります。テーマはさらに広がり、諷刺雑誌の真似をしたり、英雄や政治家を称えたりするようになりました。愛国的なテーマ、特にアルザス=ロレーヌは最もよく採り上げられたテーマで、常にユーモラスな手法で扱われました。軍隊生活の場面の扱い方も同様でした。宗教的な図像も人気が高く、皿はまるでキリスト教問答書のページのようになりました。広告を載せた最初の皿というものが登場したのもこの時代でした。

第二次世界大戦後は、絵入りの皿への関心は消えてしまいましたが、ツール・ド・フランスや自動車、飛行機といった楽しいテーマは、それでもまだ見つかります。

主要な製陶所

1745年創業の、セーヌ=エ=マルヌ県にあるモントロー製陶所は最も古く、1775年には「王妃の製陶所」という称号を得ます。その素地は高い品質を誇り、1801年から1802年にかけての工業製品博覧会ではサルグミーヌ製陶所と競い合いました。

オワーズ川沿いにあるクレイユ製陶所は1797年から存在しますが、実際に製造を開始したのは1802年以降のことです。ここが有名になったのはシャルル=ガスパール・アレクサンドル・サン=クリック・カゾーが着任してからのことで、彼はさまざまな工業製品博覧会で数多くの金賞を獲得しました。

1804年に設立されたショワジー製陶所は、きわめて精緻な装飾を特徴としています。ここはクレイユとモントローの主要な競争相手でした。その製品は、半磁器と注記されます。1878年以降は薄くてきわめて丈夫なファイアンスを製造しました。

1819年、クレイユの所有者であるサン=クリック・カゾーはモントロー製陶所を買い取りました。1825年、彼はこの製陶所をまずルイ・ルブーフ・エ・エティエンヌ・ティボー社に貸し出し、その後1840年に、クレイユ・エ・モントロー製陶会社を設立して、名実ともに合併を実現することになります。1895年にクレイユは閉窯し、モントローに移転しました。1920年にモントローはショワジー=ル=ロワを買収しましたが、同製陶所は1934年に生産を終了してしまいます。そしてモントローは1955年に、完全に閉窯されました。

1772年、ジョゼフ・ファブリーと、ニコラとオーギュスタンのジャコビー兄弟はサルグミーヌにファイアンス窯を設立しました。彼らは1778年、イギリスの高名な製陶所であるウェッジウッドで働いていた若いバイエルン人、フランソワ=ポール・ユッシュネデールを雇います。彼は数多くの賞を獲得していきます。彼の女婿と、やがてその息子が後継者となっていきます。1870年の普仏戦争後、サルグミーヌのあるロレーヌ地方はドイツに併合され、同社は国境を越えるたびに関税を支払わざるを得なくなりました。そのため同社はソーヌ=エ=ロワール県のディゴワンに、新しい製陶所を開設します。以来、同社の製品には2つの窯の名（ディゴワン・サルグミーヌ）が記されるようになったのです。

コレクターの方々へ

コレクションの可能性は無限ですから、最も楽しめる集め方を1つ決めてみるのはどうでしょう。たとえば製陶所ごと、たとえば時代で、あるいは色やテーマで……。普段使いのシリーズはまだ値段も手頃なままです。ただ、食器は1点ずつ購入する方がよいでしょう。シリーズで買う方が常に高くなるからです。現在最も人気が高い製陶所は、クレイユとジアンです。できる限り、ひびや傷がない製品を選びましょう。

Fleurs bien-aimées
愛しの花模様

何気なしに散らされているもの、洗練された花束になっているもの、自然主義的なもの、様式化されているもの……。花模様は陶磁器の装飾の全てのカテゴリーにおけるチャンピオンです。様式化された花模様は、古代エジプトにも、中世のイスラム世界にも、そして中国太古の王朝で作られたテラコッタ上にも、すでに存在していました。特にヨーロッパでは、スウェーデンの植物学者リンネの研究成果を受けて18世紀に自然主義の運動が発展し、その中から花の装飾への関心が高まっていきました。

2.

マイセンのドイツ風の花

ヨーロッパの製陶所で最初に花を描いたのはマイセンです。化学者フリードリッヒ・ベトガーが、中国磁器の秘密であるカオリンをベースにした素地を発見したのも、1709年、ザクセンのこの村でのことでした。熱心に追い求められてきたこの製法は、20年以上に渡って、マイセンで秘密裏に守り抜かれました。

1720年代から30年代にかけて、ヨハン・グレゴリウス・ヘロルトが、日本の陶芸家・柿右衛門の色彩と左右非対称性、そして中国のファミーユ・ヴェルト（緑手）のいくつかの要素の影響を受けて、花の装飾を作り出しました。このデザインは《インドの華》と命名され、すぐにヨーロッパ製陶所の多くで模倣されます。10年後に誕生したのが《ドイツの華（ドイチェ・ブルーメン）》で、より自然主義的になり、ときには昆虫で囲まれていました。このデザインは直ちに、ヴァンセンヌ＝セーヴルによって巧みにコピーされました。

ストラスブールの精緻な花

「プティ・フー」を発明したとされるポール＝アントワーヌ・アノンの父、シャルル＝フランソワは、1709年にストラスブール製陶所を創設します。ファイアンス職人のアノンは、この新しい技術を使って彼ならではの「精緻な花」と呼ばれる製品を作り出しました。中でも《渦巻くバラ》という花束を組み合わせた絵柄は、内側から見た、丸みを帯びた花とたくさんの花びらが、その深紅色と茎の暗い緑色を対比させた精妙な色調で描かれています。また先が細くなったチューリップの花束の絵柄からは、ヤグルマギクとキンポウゲの花がこぼれ落ちています。これらの花の装飾はフランスの各地、特にストラスブールのお隣のニデルヴィレで模倣されました。

マルセイユの花束

マルセイユ地域は、花の装飾で有名なもう1つのファイアンス製造の中心地です。その名声はいくつかの窯、たとえば1679年にクレリッシー兄弟がサン＝ジャン＝デュ＝デゼールに開窯した製陶所、ジョゼフ・フォシエが創立した製陶所、ヴーヴ・ペラン（ペラン未亡人）と呼ばれる製陶所などが築いてきたものです。白か黄色の地に施されるきわめて精緻な花の装飾は、やはりプティ・フーによるもので、1750年頃に登場しました。この《マルセイユの花束》には、しばしばバラとチューリップが野の花と一緒に、自然主義的な描き方で表現されています。この花の装飾は南仏全体、特にムスティエに影響を与えました。

3.

4.

1. 磁器に手描きされた、素朴なデッサンとみずみずしい色彩が特徴の装飾。

2-4. サルグミーヌのユツュシュネデール製陶所における、上質ファイアンスの3つのデザイン。

（2）《ゼラニウム》、1890年頃。
（3）肉料理用の皿、1900年頃。
（4）花模様の《ポンパドゥール》、1880年。

1.

2.

3.

4.

5.

6.

1-3. ヤグルマギクの装飾。皿の見込み部分と縁に散らす方法のいくつかをここに見ることができる。モントロー製陶所、18世紀。

4. 食器セット《ヴュー・リモージュ(古きリモージュ)》の皿に施された、バルバランという署名入りのロマンティックな花の装飾。アヴィランド製陶所、1855年。

5. 皇妃ウージェニーのためにレオンス・リビエールが描いたスミレの装飾の食器セット。アヴィランド製陶所、1901年。

6. 輝くばかりの黄色で描かれた、ジラルダンによる《パリの花》。アヴィランド製陶所、1885年。

7. 18世紀の様式で作られた菓子用の食器セットの縁に描かれた花々は、金のモティーフで華やかさが増している。

8. この優美な花の絵は、セピア色の繊細な線描によって引き立てられている。

9. 苔が生えたようなバラの花束が、ややきつい色彩で手描きされた磁器の皿。

10. 縁に花をつけた枝があふれるように描かれた、菓子用の食器セットの皿と大皿。20世紀初頭。

アザミとジャガイモの花

それほど有名でないファイアンス窯では、独自の花の装飾が考案されていました。たとえばブール=ラ=レーヌ近郊のメイヨナは1759年に設立された製陶所で、同年に発明された「マンガンのピンク」を使って自在に「グラン・フー」の絵付けを行っていました。しかもこの顔料は、型紙を使った下絵から描かれた自然な花々が主流の、「プティ・フー」の絵付けを行うグルノーブルのフォーブール・トレ=クロワートルの工房の顔料と同等の名声を築き上げたのです。

ランド地方の小さな村、サマデは、精緻に施された花の装飾、たとえばカマイユ・ブルーで描かれた《アザミ》や《ジャガイモの花》を得意としました。《サマデのバラ》は独自のものです。写実的というより様式化されたバラは、丸みを帯び、花びらはぎざぎざの切れ込みがあり、茎はまっすぐかトゲで覆われています。

軟質磁器に描かれた花々

上質ファイアンスの製造と並行して、カオリンを原料に含まない軟質磁器が、エドメ・ポトラの発明によって1673年にルーアンで誕生します。しかし18世紀の初め、この技法に真の飛躍をもたらしたのは、サン=クルーやシャンティー、メンシー、ソー、そしてもちろんヴァンセンヌ、後のセーヴルといった製陶所でした。

花の装飾を得意としたのはシャンティーです。柿右衛門様式の《イチゴの花》を描いた後、花々はより自然な描写になり、バラやシャクヤク、サクラソウの花束が描かれました。18世紀末、シャンティーは様式化された花をつけた枝をカマイユ・ブルーで描きます。それらは《小枝》(ヒースの小枝)と《ナデシコ》というデザインになり、オルレアン、アラス、セーヴル、そしてパリ、南仏、フランス東部の磁器窯で模倣され、さらにクレイユとモントローの装飾家たちに影響を及ぼしました。

1735年に開窯したソーでは、2本の花が茎の部分で互いに結ばれ、茎からは丸い小花をいっぱいに付けた枝が出ているデザインの様式化された花束を1750年に考案します。時には赤紫色の花が一輪だけ、鮮やかな緑の葉とともに描かれることもありました。1737年開窯のメヌシーは、カマイユ・ローズで描くバラ、シャクヤク、チューリップの花束を得意にしていました。

| 46 | LES ASSIETTES 陶磁器の皿

1. みずみずしい花束が描かれた、丸みを帯びた形のティーセット。
2. 小花がちりばめられた、パリ窯の磁器の皿。
3. 花束が中央に描かれた、ファイアンスの優美な皿。ニデルヴィレ製陶所、1760年頃。
4. 軟質磁器に手描きされた、優雅で精密な花々。18世紀。

2.

3.

セーヴルのバラとヤグルマギク

1738年に創設されたヴァンセンヌ製陶所は、ルイ15世とポンパドゥール侯爵夫人の庇護のもと、1752年に王立の製陶所となりました。ここでの製作は、ザクセンの磁器、特に《ドイツのバラ》を模倣することから始められました。1756年、ヴァンセンヌはセーヴルに移転し、この地で王立の特権を享受して同時代の磁器製造を支配していきます。製陶所は、素地づくり、修復、成形、彫刻、金彩、絵付けなど、いくつかの工房に分かれていました。絵付け工房の中には、花を専門にする絵付け職人が複数いました。

1760年以降、セーヴルは《バラと葉模様》というモティーフを採用します。これは白地に素朴で小さなバラの花をちりばめた絵柄で、その後何年にも渡ってセーヴルで使われ、パリの窯で模倣され、さらにリモージュに影響を与えることになるものです。1781年、ナデシコやヤグルマギクの小花が大のお気に入りだったマリー＝アントワネットが、後に《ヤグルマギクのガーランド》と名付けられた食器セットを王立製陶所に注文します。ショワジーにて絵付けをし、ショヴォーが金彩を施したこの食器セットは、かつての王立製陶所で現在でも作り続けられています。ヤグルマギクはすぐに、バラとともに磁器皿の装飾における主要なテーマになります。

※1：円形や楕円形の枠の中に描かれた装飾。P.183参照。

この装飾は、花々がちりばめられていたり帯状に描かれたり、花束として、あるいはメダイヨン※1として描かれたりして、パリのほとんどの製陶所で作られる硬質磁器製品の中に見出すことができます。同様に、フランス東部とサヴォワ地方のファイアンスにも見られます。

リモージュのバラの小花

初期のリモージュの特徴は、魅力的な花々が素朴な形で、多色使いで描かれた装飾にあります。それらは花束にまとめられて皿の中央に置かれたり、縁の部分に小枝模様として配されたり、あるいはピンクや青のヤグルマギクが緑色のリボンとともに描かれるルイ16世様式で用いられたりしました。後に《リモージュのバラ》と呼ばれることになるこのバラの小花は、リモージュがセーヴルから借用したものです。花はいたるところに描かれるようになります。それはチューリップだったり、《トゥルネー風》の花をつけた枝だったり、丸いバラを取り合わせた庭の花束だったり、マーガレット、ツリガネソウ、野性のヒヤシンス、壁紙のように特徴のない素朴な小花、あるいはシャンティーやセーヴル、メンシーを真似た花の装飾などです。こうした装飾はしばしば、《狼の歯》と呼ばれるフェストーン（花綱）で縁取られていました。

| 48 | LES ASSIETTES　陶磁器の皿

1.

1. 田園風の魅力あふれる、バラと小花に彩られたデザート用食器セット。

2, 3. 植物の世界に着想を得た、エミール・ガレの工房のデッサン。

2. ファイアンスの花瓶《竹》のための装飾。1878年。
3. ファイアンスの絵付けを行なうために目打ちされた紙。1877年頃。

小花とヒルガオ

1850年以降、無数の花々が陶磁器の上に咲き乱れるようになります。控えめでシンプルな小花、バラやヒナゲシが日常使いのファイアンスに描かれ、優雅で繊細な花が、サルグミーヌ、クレイユ、ジアン、ロンウィー、モントローといったブルジョワの食卓向けの食器セットに描かれました。中でも、モントローの食器セット《フローラ》は白地に青でヒルガオが描かれた、古典的名品です。磁器製造を始めたニデルヴィレでは、やさしいピンクからくすんだ赤まで、さまざまな赤い花と多色使いの花束があふれ、ときには前世紀のセーヴルのような甘ったるさすれすれの花々と金彩が、ターコイズ・ブルーや強烈なピンクの地に見られるようになりました。

リモージュとジャポニスム

アメリカの軟質磁器輸入業者デイヴィッド・ハヴィランド※1は、リモージュ磁器の品質の高さに魅了され、1842年にこの地に絵付けの工房を設立することを決め、10年後にはアメリカに向けて製品を輸出するための製陶所を開設しました。その後、彼の息子であるシャルルとテオドールは、フェリクス・ブラックモンが率いる製作工房をオートゥイユに創設します。当時は、

※1：仏語発音はダヴィッド・アヴィランド。

フランスの芸術家たちが日本の浮世絵版画と北斎の作品を発見した時期でした。ブラックモンが1879年に考案した《花とリボン》、そしてパランドルが1883年に考案した《パリの花》は、この頃の時代の傾向をよく表しています。

リモージュではさらに、画家のジョルジュ・ド・フールと建築家のエドワール・コロンナが、食器セットを想定したアール・ヌーヴォーによる磁器の装飾を提唱しました。それは様式化された植物モティーフを基本に、淡い色彩の地に、しばしばレリーフを施しパステルカラーで引き立たせる、というものでした。パルマのスミレをテーマにした二種類の愛らしい食器セット、《スイレン》と《カロリーヌ》は画家レオンス・リビエールが手掛けたものです。後者はテオドール・アヴィランドによって1901年、当時75歳になっていた元皇妃ウージェニーに献上されました。

コレクターの方々へ

ファイアンスの世界も磁器の世界も、選択肢は幅広く多彩です。

クレイユ、モントロー、ジアンなどのファイアンスによる、愛らしい花模様の食器セットは手頃な価格で見つけられます。食器セット一式は、食器を1点ずつ購入していくよりも安価であることを知っていれば、リモージュの花模様の食器セットも高過ぎることはありません。リモージュの美しい磁器による花模様のデザート皿や菓子皿のシリーズは、数もたくさんあり、むしろお安いでしょう。それに反して、シュザンヌ・ラリックやジャン・デュフィ、ヴァン・ドンゲンの署名があるものは評価が高くなっています。日本的な、あるいはアール・ヌーヴォーのモティーフは稀少で、それゆえ高価です。こういうものは、最も古い時代のものと同じように、食卓よりもむしろ飾り棚の中に置かれる方がふさわしいものです。

~ Les assiettes en barbotine ~
バルボティーヌの皿

アール・ヌーヴォーから生まれた、自然がモティーフとなったこの色あざやかな皿は、さながらテーブル上の太陽の光です。その製造は50年ほどしか続きませんでしたが、華やかに現れたこの植物は、たびたび写しが作られながら決して同じものは作れず、今でも人々を引きつけてやみません。

バルボティーヌ

バルボティーヌとは元々、型に流し込んでさまざまな形を作るため、あるいはファイアンスのさまざまなパーツを接着するために使われる、粘土に水を加えてゆるくした泥漿です。しかしフランス人はこの同じ名称を、1870年から第二次世界大戦までの間に作られた、レリーフの装飾が施された色鮮やかなファイアンスの皿にも与えました。イギリス人が「マジョリカ」と名付けたファイアンスのことです。

バルボティーヌは、流し込み成形や繊細なレリーフに適した上質ファイアンスの素地です。皿は、ろくろを使うか型に流し込んで成形します。乾燥後、約1000度で1回目の焼成を行い、次に顔料となる金属酸化物を混ぜた鉛釉をかけます。その後800度で再び焼成します。

フランスで最初のバルボティーヌが登場したのは1860年頃のことです。それはトゥールのシャルル=ジャン・アヴィッソーの作品で、ベルナール・パリッシー※1の作品から強い影響を受けたものでした。ロンドンの産業博覧会に出品された彼の製品はヨーロッパ中から称賛され、すぐさま、トゥールの彼の工房には他の大手の窯元が集まってきました。ナポレオン3世の従姉妹であるマチルド公女の支援を得て、流行となります。製造規模は拡大していきましたが、1920年代を過ぎると、徐々に勢いは衰えていきます。

自然主義の氾濫

花瓶、プランター、水差し、アスパラガス用の皿、貝用の皿が、色鮮やかな自然主義的モティーフで作られるようになります。1880年頃には、デザート皿とコンポート皿が数多く作られました。皿や大皿が真鍮の針金でできた枠にはめ込まれて、果物やパン用のコルベイユ（カゴ形の容器）に形を変えたものもあります。

製造が始まった当初、流行していたのは懐古趣味とネオ＝ルネサンス様式で、中心点に対して左右対称に配されたアカンサスの葉、ランブルカン模様、唐草模様などの装飾が施されていました。ジャポニスムの時代には、花をつけた桜の枝や竹、鳥が自由に配され、その後、様式化された花を用いたアール・ヌーヴォーの自然主義が華やかに登場します。

バルボティーヌの主要なモティーフは、葉飾り（シダ、キヅタ、野バラ）、野菜（アスパラガス、アーティチョーク、ラディッシュ、ナス、ポロネギ）、果物（イチゴ、洋ナシ、ブドウ、プラム、レモン）、花（マーガレット、ヒマワリ、バラ、シャクヤク、ヤグルマギク、ダリア、スミレ、ライラック、パンジーなど）です。

サルグミーヌからヴァロリスへ

フランス東部では、おそらくサルグミーヌが最も重要な中心地でしょう。1870年頃、ここで働く職人は2000人近くを数えました。バルボティーヌの製造はますます数を増し、特に1910年以降、1つのデザインが複数のヴァリエーションを生んだり、色違いで作られたりするようになりました。1720年頃に設立されたリュネヴィルは、スタニスラス・レクザンスキ※2の庇護を受け、1772年に王立製陶所になりました。18世紀、この製陶所は高い名声をほしいままにします。当時は錫釉ファイアンスを製造していましたが、上質ファイアンスへの転換を遂げたのです。リュネヴィルのバルボティーヌは数多く、鮮やかな色彩が特徴です。リュネヴィルはサン＝クレマン

2.

3.

4.

1. レリーフの果物と葉で装飾が施された大皿。ロンシャン製陶所、19世紀末。
2. ブドウの装飾の皿。サルグミーヌ製陶所、19世紀末。
3. 動物の形の水差し。オルシ製陶所、19世紀末。
4. 濃色で彩られたアーティチョークとアスパラガス用の大皿。

※1：1510頃-1590 フランス・ルネサンス期に活躍した陶工。※2：1677-1766 ポーランド王、ルイ15世妃マリー・レクザンスカの父。

1.

1. カワカマスを表した赤土色の大皿。ロンシャン製陶所、19世紀末。

2. バルボティーヌの皿の中心部分を拡大したもの。サランのファイアンス窯、19世紀末。

3. 精緻に作り上げられた脚をもつ、見事な色彩の果物鉢。

4. 繊細に彩色されたバルボティーヌのティーセット。クレールフォンテーヌ製陶所、19世紀末。

5. レリーフの花が帯状に美しく配されたバルボティーヌの皿。19世紀末。

にも窯を開きました。

18世紀にプティ・フー（低温焼成）によるさまざまな食器の成形を得意としていたサン＝クレマンは、19世紀になると雄鶏の装飾の庶民的な皿を数多く製造しました。ここで作られたアール・ヌーヴォー色の濃いバルボティーヌは、装飾の繊細さと洗練された色彩で他と一線を画しています。

ロンウィーのファイアンスについては、1801年にボッホ家が創設した製陶所ということ以外はわかっていません。1865年以降、ロンウィーは有線七宝の技法を手掛け、この技術で名声を博します。ロンウィーはまた、エモー・オンブラン※1と、極東の影響を受けた、単色を基本とする入念に仕上げられたバルボティーヌも製造しています。フランシュ＝コンテ地方ではヴズール近郊のクレールフォンテーヌで、単色、特に美しい緑色の、あるいはピンクと白の2色使いのバルボティーヌを製造していました。またサランでは、ひねり紐模様の地に凝った花の装飾を施し入念に仕上げた皿が数多く作られました。

19世紀末にファイアンス窯を開いたロンシャンは、レリーフで花と果物をあしらった、装飾用の花瓶や皿で知られています。

フランス北部には、バルボティーヌが重要な位置を占める製陶所がかなりあります。サン＝タマン＝レ＝ゾー、ヴァランシエンヌ近郊のオネン、オルシ、デーヴル、フィヴ＝リールなどです。オネンはさまざまな動物寓話や、19世紀末の人物のカリカチュアを表現した水差しで有名です。

パリの南に位置するショワジー、そしてジアンのバルボティーヌは、おそらくすべての中で最も美しいものでしょう。ブドウの葉で飾られた、ショワジーの有名な緑の皿は、1950年代に《プリマヴェラ》※2のために復刻されました。

そしていよいよヴァロリスです。このアルプ＝マリティーム県の小さな村では、マシエ家のデルファン、兄弟のクレマン、従兄弟のジェロームの工房で、ルネサンスの影響を受けたターコイズ・ブルーや深紅色、輝緑岩のような美しい単色のエマイユを作っていましたが、その後1860年から1910年にかけては、自然から想を得たアール・ヌーヴォーのバルボティーヌを製造しました。デザート皿やコンポート皿が、マーガレットやパンジー、あるいはヒマワリの開いた花冠をかたどって作られました。

リュベルの皿

1838年、ブルゴワン男爵はアレクシス・デュ・トランブレとともに、ムラン郊外のリュベルに工房を創設しました。1842年、ここで「エモー・オンブラン（陰影エナメル）」が発明されます。この技法は、上質ファイアンスの素地にモティーフを型押ししてくぼみを作り、半透明な色釉を薄くかけるというものです。地のレリーフ状になった部分が釉薬の下に現れます。くぼみに溜まった釉薬は暗く見え、レリーフ部分はより明るく見えるというわけです。

風景、室内情景、紋章、さまざまな動物寓話、そして特に果物（洋ナシ、サクランボ、ブドウ、スグリ、レモン、マルメロ、オリーヴ、クロスグリ）が円形や多葉形の皿の中心に配され、縁には透かし彫りや編み紐模様が施されたり、流し込みで装飾が施されたりしました。色彩は、コバルトブルー、アイアンブラウン、黄色、そしてとても美しいクロムグリーンなど、独特の深さがあるように見えます。窯自体は1858年にその扉を閉じましたが、リュベルのエモーはサルグミーヌ、ショワジー、ロンウィー、クレールフォンテーヌ、サラン、ジアン、クレイユ、そして特にル・メ＝シュル＝セーヌで模倣されました。

コレクターの方々へ

バルボティーヌへの関心はこのところ復活しており、評価されてきています。贋物に気を付けて！リュネヴィルとサン＝クレマン、オルシはまだお手頃価格でありますが、ショワジーは高くなっています。ヴァロリスはその価値にふさわしい成功を収めています。ロンシャンとサルグミーヌの、花と果物のモティーフがレリーフで表された食器も、同様に高い評価を得ています。（もし製品に「majolica」と記してあったら、それはサルグミーヌで1885年以前に作られたものです）。

バルボティーヌの皿を使うつもりなら、完全な状態のものを選ばなければなりません。釉薬が剥げて水がしみ通るものは、汚れを吸着してしまいます。モティーフがレリーフになっていればいるほど古い製品であることを、知っておいてください。

バルボティーヌは最も上手に修復できる陶器です。それは長所ですが、不都合もあります。なぜなら、ときに修復箇所を発見するのが難しいからです。

※1：P.52右段のリュベルの皿の項を参照。　※2：19世紀末にパリにあるデパート「プランタン」が発売した、食器シリーズ。なおプリマヴェラはプランタンのイタリア語読み。

PLATS
ET SERVICES SPÉCIFIQUES

大皿と
特別な用途の器

ある種の大皿は、それが使われた時代を特徴づけていたものの、現在ではもう存在していません。18世紀に、「オイユ」という肉と野菜の煮込み料理を入れて食卓に置かれた、名高いポタオイユがそれに当たります。またテリーヌ壺は、かつてと現在では異なったものになっています。それはご馳走を食べる場の習慣自体が変化したからであり、また特別な用途の食器は、個々の料理に対応しているからなのです。私たちの祖母の時代にはよく使われたスーピエールも、ポタージュをあまり食べなくなった20世紀後半にすたれてしまいましたが、今日では再び使われるようになっています。陽気で春にふさわしい、バルボティーヌで作られたアスパラガス用の大皿も、再び現代の好みに合うようになってきました。コンポティエや果物のプレザントワール、お菓子やタルトのための優雅な皿のような、あまり使われなくなっていた他の特別な用途の大皿も、再発見されようとしています。

そしてそれ以外に、あらゆるサイズの、あらゆる形の食器があります。それらは必要欠くべからざる物であり、無視できない存在なのです。

そうした食器類は、モティーフや色彩で選び、心惹かれるままに購入すればよいのです。美学が機能に結びついた品々は、美食家も耽美主義者も魅了する、洗練の理想というものを表現しているのです。

PLATS ET SERVICES SPÉCIFIQUES 大皿と特別な用途の器 | 57

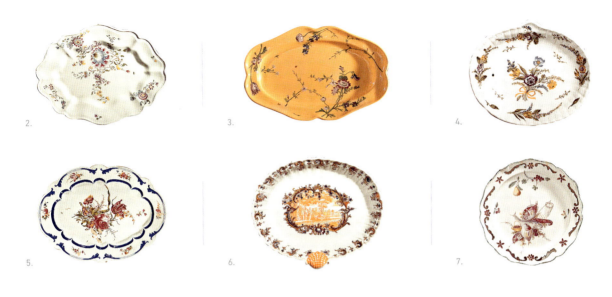

~ Les plats ~

大皿

数世紀の間、ほとんど形を変えることのなかった古い時代の大皿は、現代の多様化された競争の犠牲になり、テーブルアートの世界では、永らく見向きもされませんでした。しかし品物がたくさんあり、価格が穏当な今こそ、名誉回復の時だといえるでしょう。

形の変遷

18世紀の終わり頃、大皿はあまり形の違いがありませんでした。ただし、大皿の型ごとに複数のサイズが存在しており、1つの型に対して12種類までものサイズがありました。一般に大皿は、対応する他の形の器に比べるとあまり装飾が施されていません。レジャンス（摂政）時代（1715-1723）、八角形や六角形の大皿が、わずかに丸ひだ装飾で縁どられるようになりました。1730年頃の最も正統的な形は、円形で縁が波形曲線で、5箇所か6箇所の切れ込みがあるもの、そして楕円形で6箇所か8箇所の切れ込みがあるものでした。現代まで生き残っているのはこの型のものです。ルイ15世時代、口縁が波形の大皿は左右非対称で豪華な装飾が施されるようになりました。ルイ16世時代になると、装飾は古典主義に回帰し、左右対称になっていきます。19世紀は、古い様式とロココ風ロマン主義の追憶がかき立てられる時代でした。19世紀末になると、自然に想を得た装飾が登場します。1920年代、アール・ヌーヴォーの自然主義はアール・デコのモダニズムと簡潔さに場を譲ることになります。

特別な用途の大皿

はるか昔のある時期から、口縁に細い刳形装飾のある、単純な形をした獣肉用の巨大な円形の大皿があったことは言及しておかなければなりませんが、特別な用途の大皿がいくつか登場してきたのは19世紀になってからのことです。ロースト肉用、そして牛肉用の大皿には透かし彫りの網が付属していました。この網には、皿の内側の突起部分と高さが揃う、4つの脚が付いていて、皿にはめ込むようになっていました。同じように網が付属する魚用の大皿は、食

小さな用語辞典

大皿を表すplatという言葉は、ギリシャ語で「大きな」を意味する語、platusに由来します。「plat」は1328年には底が平らな食器の1つを指し、その後、深さのある給仕用の食器、つまり厨房から食卓へ料理を運び、最良の方法で料理を盛りつけるための食器全体の総称になりました。

P.54 クリーム色のファイアンスのスーピエール（スープ鉢）。サルグミーヌ製陶所、19世紀。

P.56 古代のランプの形をした、アンピール様式のソーシエール（ソース入れ）。

1. 深さのある大皿と角を落とした長方形の大皿。銀めっき製、1930年代。

2-7. 口縁が波型の楕円形と円形の大皿。ルイ15世時代、マルセイユ地方のさまざまな製陶所。

PLATS ET SERVICES SPÉCIFIQUES　大皿と特別な用途の器

1.

2.

1. 過去のさまざまな様式で作られた、把手が付いた円形の煮込み料理用の大皿。銀めっき製、19世紀。
2. 過去のさまざまな様式で作られた、角型のクリーム用の大皿。銀めっき製、19世紀。
3. さまざまな形のラヴィエ(オードブル皿)とスタンド。枠は銀めっき製、皿はクリスタルガラス製。クリストフルのモデル、19世紀。

4. プロヴァンス地方の典型的なスーピエールと大皿。17世紀と18世紀。
5. パテ用のテリーヌ。クリーム色のファイアンス。リュネヴィル製陶所、19世紀。

3.

卓にセンセーションを巻き起こしました。「冷製の魚を、刺繍を施したナプキンで覆った長い大皿の上に載せます。周囲はツルニチニチソウやサクラソウ、キンレンカなどの花々で縁どります。」これは1925年のマナーの指南書に書かれた解説文です。煮こんだ牛肉用の大皿には、つけ合わせの野菜のための仕切りが備わっていました。

素材

伝統的には、大皿は錫や銀、ヴェルメイユでできていました。丈夫なため、金属はしばしば陶磁器よりも好まれたのです。しかし熔融令に際して、ファイアンスや磁器の製造者が金銀細工師にとって代わり、製品の形は金銀細工から借用されました。1830年以降、ファイアンスや磁器でできたさまざまな大きさの円形や楕円形の大皿が、スーピエールやレギュミエと同様に食卓用の食器に仲間入りしたのです。それらは現代風に言えば、他の食器と「コーディネート」していました。しかし金属に銀めっきする技術が発明されると、過去の形を踏襲した大皿が大量に作られるようになります。19世紀の終わりには、主婦が陶磁器の大皿と銀めっきの大皿の両方を所有することができるほど、それらは珍しいものではなくなったのです。

コレクターの方々へ

古い大皿に対しては、そう熱狂することもありません。お買い得品は結構ありますし、手に入れられる機会もあります。純銀製の大皿ならば、いつものように、刻印、署名、仕上がりの質の高さ、コンディションを考慮しなければなりません。銀めっき製品ならば、大量生産されたため数はたくさんあります。多すぎて選ぶのに困るくらいです。クリストフルのような名店から出た製品は値上がりしています。
陶磁器製の大皿も数が少ないということはありません。形は平凡であることが多いですが、装飾と色彩に惹かれることがあるでしょう。
ただし、状態はチェックしてください。どんなひびも欠けも受け入れてはいけません。

1.

Plats creux et plats d'autrefois
かつての時代のさまざまな大皿

ポタオイユ、テリーヌ、エキュエル。今では古臭い響きの名前を持つこうした大皿の居場所は、もはや私たちの食卓にはなく、むしろ飾り棚やガラスケースの中がふさわしくなっています。しかし、これらの大皿がかつては重要だったからこそ、テーブルアートの愛好者は関心を抱くのです。深さのある大皿の中でも、ソーシエールはコレクションの対象になっています。またかなり古いスーピエールは、以前は人気がありませんでしたが、レギュミエ同様力強い復活ぶりを見せています。それは優雅で、安心感を与えてくれる丸みが心地良いからでしょう。これらの品を用途通りに使う人もいれば、プランターや小物入れなどにして使う人もいるようです。

ポタオイユ

オイユ（Oille）とは、スペイン語で寸胴鍋の一種を意味するオラ（Olla）に由来する言葉です。いろいろな肉を野菜とともに煮込んだもので、1671年に初めて文献に記録されました。もともとはスペインの料理で、ルイ14世とスペイン王女マリー＝テレーズの結婚の際にフランスにもたらされました。まだスーピエールが発明されていなかった18世紀、ポタオイユはもっとも重要な器でした。それは、給仕しやすいように取り外しができる中子がついた、丸く深さのある容器です。大きさは20センチから30センチで、4本の脚があり、両脇に把手を備え、ふくらんだ蓋が付き、ドルマンとも呼ばれる大きな飾り用のプレザントワールの上に置かれます。レードルの形をした丸いサーバー用のスプーンが付属しています。ルイ14世時代、それは銀製で豊かな装飾が施された豪華なもので、煮込み肉とポタージュが供される最初の給仕の主要な構成要素でした。ペアで作られることもよくあり、もっとも有名な製品には、ドローネ、ジェルマン、バルザック、メソニエ、レティエ、オーギュストなどの署名が入っています。上質ファイアンスの製陶所も遅れをとってはいませんでした。ポン＝ト＝シューは金銀製品にインスピレーションを得たポタオイユを製作し、ストラスブールのジョゼフ・アノンは、たとえば本物そっくりに似たキャベツの形のような器を作り、マルセイユのヴーヴ・ペランはきわめて繊細な装飾を施しました。ルイ16世時代になるとポタオイユは重苦しくなり、アンピール期以降はより口が広がった形になります。王政復古期には姿を消し、スーピエールとレギュミエがとって代わりました。

テリーヌ

テリーヌは、元は陶製の大壺で、肉をソースとともに焼くためのものでした。1720年頃、この大壺は台所から食卓に移動し、ポタオイユ同様洗練されたものになります。上質ファイアンス製のものも見つかりますが、多くは銀製のものでした。テリーヌは、4本脚、受け皿付き、取り外せる蓋付き、ときに入れ子になっている、という点で、ポタオイユに似ています。しかしテリーヌはより背が低く、丸ではなく楕円形をしています（長さは30センチから40センチです）。把手と蓋には、しばしば狩の情景の装飾が施されています。その用途は今でもはっきりしていませんが、ソースで調理した肉や他の料理のために使われたようです。楕円形の煮込み料理をすくうためのスプーンが付属しています。

2.

3.

4.

5.

6.

1. 上質ファイアンスのスーピエール。アンピール期。
2. プティ・フーによるポタオイユ。メイヨナ製陶所。
3. プティ・フーによるポタオイユ。アノン製陶所、ストラスブール。
4-6. プティ・フーによるテリーヌ。マルセイユ製陶所、1760-70年。

1. グラン・フーによるファイアンス製ルイ15世様式のエキュエル。ムスティエ製陶所、1750年頃。

2. 日本の伊万里風の装飾が施された多色使いのエキュエル。サン=クルー製陶所、18世紀。

3. 《三美神》の装飾が施された磁器製のエキュエル。リモージュ製陶所、18世紀。

4. 注ぎ口が1つまたは2つある、銀めっきの金属製のソーシエール。過去の装飾のリヴァイヴァル。

5. パール状の装飾がある、注ぎ口が1つの上質ファイアンス製のソーシエール。サルグミーヌ製陶所、アンピール期。

6. プリントで《フローラ》の装飾が施されたファイアンス製のソーシエール。サルグミーヌ製陶所、アンピール期。1880年頃。

個人用のエキュエル

深さのある皿のさきがけであったエキュエルは、底が平らなボウルで、その形は中世から受け継がれたものです。それは食卓に登場した、最初の個人用の器の1つでした。18世紀、エキュエルには両脇にオレイヨンと呼ばれる把手が2つ、温かさを保つための取り外しができる蓋、そしてトレーかプレザントワールが付くようになります。最も豪華だったのは、ルイ14世の息子である王太子のものでした。1692年に作られたヴェルメイユ製のもので、把手に貝殻と、王太子を表すドルフィン（イルカ）の装飾が施されていました。

特に出産した女性と、ブイヨンしか飲めなくなった病人にもふさわしいこの器は、モロッコ革の箱に入れて出産祝いにも贈られました。銀製のものはストラスブールの特産品です。主要な製陶所が数多くのデザインを作り出しました。ストラスブールのアノン製陶所では、アヒルや七面鳥、ガチョウ、あるいは野菜の形の有名なテリーヌも製作していて、注目に値する素晴らしいものです。

ソーシエール (ソース入れ)

ソーシエールは、11世紀には「ソースロン」または「ソーシエ」と呼ばれていました。金属製のものにしても陶磁器製のものにしても、長い年月を経てもその形はあまり変わりませんでした。ルイ15世時代には、（カトリック教会で使う）船形香炉やネフのような細長い形になりました。2つの注ぎ口が作られて、どちらからでもソースを注げるようになっていたほか、側面には把手が2つ付き、受け皿と一体になっていました。ヴァンセンヌとセーヴルが、これらのとても魅力的な品を作っています。ルイ16世時代と次のアンピール期に最も流通していた型は、古代のオイルランプの形、あるいは兜やゴンドラの形で、小型の台座に乗り、一方の側に大きな注ぎ口があり、他方にカーブした把手がついている、というものでした。19世紀になると、ソーシエールはテーブルクロスを汚さないように受け皿の上に固定されるようになり、食器セットに含まれるようになりました。さまざまな形のソーシエールがファイアンスや磁器で作られましたが、ソースから脂を分けることができる、デグレズーズというものもありました。

スーピエール (スープ入れ)

スーピエールが登場したのは19世紀になってすぐのことです。ポタオイユよりも大きいのですが、丸い形で深さがあり、蓋がついているところがよく似ています（蓋にレードル用の切り込みができたのは20世紀になってからです）。アンピール期には、

コレクターの方々へ

軟質磁器製にせよ純銀製にせよ、ポタオイユとテリーヌは希少性の高い品です。
ストラスブールのエキュエルでアレルティ (Alerti)、イムラン (Imlin)、キルスタン (Kirstein) の署名が入っているものは人気があります。

5.

6.

PLATS ET SERVICES SPÉCIFIQUES　大皿と特別な用途の器

1. ウサギのパテ用のテリーヌ。19世紀。

2. 青の装飾の、スーピエール、レギュミエ、ソーシエールのセット。

オディオのような高名な金銀細工師が、台座付きの壺の形で、白鳥の首の装飾が付いた古代風の豪華なスーピエールを製作しました。王政復古期以降、スーピエールは私たちがよく知っている、丸く口が広がった形になります。蓋には、松かさやアーティチョーク、トマトの形のつまみが付き、把手がついています。しばしばペアで作られ、食器セットの一部を成し、いくつかのサイズが存在しています。2人用、4人、6人、8人、10人、12人、15人、あるいは24人用などが作られました。銀、または銀めっきした金属でできたスーピエールには、19世紀の高名な金銀細工師のサインがあります。たとえば、ユゴー（Hugo）、カルデヤック（Cardeihac）、ルブラン（Lebrun）、ラヴィネ・ダンフェール（Ravinet d' Enfert）、ラタール兄弟（Tétard Frères）、デュラン（Durand）といった人たちです。ファイアンスと磁器の製品では、モントロー、クレイユ、サルグミーヌ、リュネヴィル、ジアン、サン゠クレマン、ロンウィー、カンペールなど、あらゆる製陶所が多彩なデザインを生み出しました。こうした製陶所は、どんな装飾にも対応できる、調和のとれた丸い形のスーピエールを作り、家庭と安心感の象徴にしました。

レギュミエ（野菜用の深皿）

イギリスからやって来た、スーピエールよりも小さなレギュミエは、よくエキュエルと混同されます。レギュミエも丸い形で、両脇に2つの把手があり、松かさや野菜をかたどったつまみのある蓋が付いているからです。レギュミエという名称が現れるのは19世紀になってからですが、器そのものは1730年以降から使われており、しばしばペアで作られました。金銀細工で作られているものには、よくレショーと呼ばれる温め器が付属しています。

やがて新しいタイプのレギュミエが19世紀に登場します。それは長方形の深さのある大皿で、蓋には取り外しのできるつまみが付いています。つまみを外して蓋をひっくり返せば、第2の大皿になるのです。

ファイアンス製と磁器製のレギュミエは、食器セットのスーピエールの装飾を、形を小さくして模倣しています。最も評価の高かったものは、アーティチョークやニンジン、あるいはまたしても松かさといった、菜園の収穫物を想い起こさせる装飾が施されたものでした。

ラヴィエ（オードヴル用皿）

この名前は、おそらくかつてラディッシュを意味した語「ラーヴ」に由来しています。この器は1830年に登場し、オードヴルに使われました。この器をオードヴル皿、あるいはその細長く両端が高くなった形から、ラーヴの船と呼ぶこともあります。磁器、ファイアンス、ガラス、クリスタル、メタルなどで作られ、形は長方形、細長い横長、あるいは六角形がありました。中にはプレートの中がコンパートメントのように分かれていて、小皿が並べられ、持ち運びできるおうに中央や、脇に把手がついているものもあります。把手はニッケルを施した銅や銀めっきが使われていました。

サラディエ（サラダボウル）

サラディエは把手のないボウルで、17世紀から存在しています。まず厨房で使われ、後になって食卓の上に置かれるようになりました。上質ファイアンスか磁器で作られており、ポタオイユやテリーヌほど一般的でなく、ようやく食器セットの仲間に組み入れられるようになったのは、19世紀末のことでした。やがて、カット装飾のクリスタルや磁器、ファイアンスで作られたサラディエは、独立しても使われるようになり、サラダだけでなく果物やデザートにも用いられるようになりました。

コレクターの方々へ

スーピエールは市場でたくさん見つかり、安価です。よくあることですが、価格的には、スーピエールを単独で購入するよりも残りの食器セットとともに購入する方がお得です。しかし法外な値段でもなければ、心惹かれたものを選ぶ、という考えは楽しいものです。スーピエールは、レギュミエとして使ったり、ソースを使った料理を盛り付けるのに使ったりもできます。割れやひびがないかチェックしてください。もし蓋がなくなっていたら、完璧な鉢カバーとして使えます。

あなたはrécisalsuphile（ソーシエール・フリーク）ですか？　もしあなたがソーシエールのコレクターならば、答えは「ウイ」です。

66 | PLATS ET SERVICES SPÉCIFIQUES 大皿と特別な用途の器

1.

2.

3.

1-3. 過去のさまざまな様式をリヴァイヴァルした、銀めっき製品。

1. 長方形と楕円形の、蓋付きの大皿。
2. 野菜用の鍋。クリストフル。
3. スーピエール。クリストフル。

4. バラの花束の洗練された絵付けが施されたスーピエール。つまみは植物から着想を得ている。ドイツ、19世紀初頭。

PLATS ET SERVICES SPÉCIFIQUES　大皿と特別な用途の器　69

2.

3.

4.

Services à asperges, à artichauts, à crustacés…
アスパラガス、アーティチョーク、甲殻類用の器

またもやバルボティーヌの登場です。食卓に春らしさを与えて最も楽しくしてくれる、仕切りのある皿やレリーフになった野菜、奇抜な貝殻を見逃すことはできません。

アスパラガスとアーティチョークのために

アスパラガスやアーティチョークを食べるようになったのは17世紀からですが、こうした野菜のための専用の食器が登場したのは19世紀の終わりのことです。バルボティーヌの専門職人は皆、アスパラガス用の食器を大量に製作しました。当時の人々は、今以上にアスパラガスを食べていたのでしょうか？　それはともかく、流し込み成形によるレリーフの技法は、皿に簡単に仕切りを作ることを可能にしたのです。

当初は数も少なかったアスパラガス用の食器セットですが、やがてすべてのブルジョワ家庭に定着しました。このセットは通常、12枚の皿と2枚の大皿（1枚は給仕用、もう1枚は片付け用）、加えてソーシエールで構成されています。皿にはレリーフで作られた数本のアスパラガスやアーティチョークの葉の装飾があり、それぞれの野菜を置く場所とソースを入れる場所を形作っていました。地の模様はカゴか葉を模していました。アスパラガスは「ゆりかご」形の器に入れて会食者の前に置かれますが、この「ゆりかご」は楕円形か長方形で、窪みの部分に束にしたアスパラガスを盛り付けるようになっていました。

有名なファイアンス窯のほとんどが、この食器セットを製造しました。その中で最も質が高いのは、サラン、サン＝タマン＝レ＝ゾー、ロンシャン、リュネヴィル、オルシー、サルグミーヌの各製陶所のものです。
アスパラガス用の皿には銀めっき製のものもありますが、野菜や果物にぴったりのバルボティーヌほどの魅力はありません。

牡蠣、甲殻類、エスカルゴ用の皿

牡蠣用の皿も同じように面白いものですが、ヴァリエーションは少なくなります。おおむね丸い形で、丸くて平らなブロン※1かポルテュゲーズ※2の形に型押しで窪みをつけて、牡蠣の置き場所が作られています。この置き場所は普通6個（時に12個）あり、皿の中央にはレモンのための7個目の窪みがあります。牡蠣用の皿の大半は、牡蠣の色に近い緑色をしています。しかし、現実を無視して白、灰色、あるいはピンクのような別の色を好んだ製陶所もありました。

1. 把手がついたこのアスパラガスの「ゆりかご」には、盛り付ける部分が2つあり、カゴを模した大皿に乗っている。19世紀末。

2. 2つの部分に仕切られた、このアスパラガス用の皿のデザインは独創的。19世紀末。

3. より伝統的なアスパラガス用の皿。サルグミーヌ製陶所、1900年頃。

4. 色釉がかけられた、くぼみが12個ある牡蠣用の大皿。サルグミーヌ製陶所、1880年頃。

※1：ブルターニュ、ブロン湾原産の牡蠣。※2：牡蠣の種類。

PLATS ET SERVICES SPÉCIFIQUES　大皿と特別な用途の器

1. 2. 3. 4.
5. 6. 7. 8.
9. 10. 11. 12.

コレクターの方々へ

それほど頻繁に使うものでもないことを考えると、アスパラガス用やアーティチョーク用の食器セットは、場所ふさぎですがとても魅力的です。この種の食器セットの購入を検討する際には、さまざまなデザインがあること、程度の差こそあれ、色彩が洗練され、技術が優れていることに注目しましょう。それが、たとえばショワジー＝ル＝ロワのように他の窯よりも人気のある窯が存在する理由なのです。

食器セットが完全に揃っていることはかなり稀です。ソーシエールや取り外しのできる水切りが欠けていることはよくあります。一方で皿、特に量産品のものは、まだたくさん残っています。

購入する時には常に、特に実際に使用するつもりなら、きれいで欠けのないものを選びましょう。

1-8. アスパラガスの「ゆりかご」。

9, 10. アスパラガス用のトレー。

11. 内側が銀めっき製のエスカルゴ用の大皿。

12. 銀めっき製の牡蠣用の大皿。

13. 籠を模した地模様の牡蠣用の皿。

14. 同じ型で単色のもの。

13.

PLATS ET SERVICES SPÉCIFIQUES　大皿と特別な用途の器　73

2.

~ Pour les œufs, le beurre et le fromage ~
卵、バター、チーズのために

エッグスタンドやエッグカップ、バター入れのような、目先の変わった品はなぜ名誉が回復されないのでしょうか。たとえば、段々と私たちの習慣に入り込んできた日曜日のブランチは、こうした器を使うための完璧な場です。

卵用の食器の数々

「ウフリエ」とはゆで卵を並べるための器で、垂直の軸の周りに、卵を置くための窪みがある木製の小さな板を水平に配したものです（それが金属製に変化したものを、今はカフェのカウンターで見かけます）。「ポルト＝ウフ」（エッグスタンド）は、卵を置くための12個の窪みと、塩と胡椒を入れるための2つの小さな容器を備えた一種のトレーです。卵のための個人用の皿は、多くはファイアンス製で、「コクティエ」（エッグカップ）とスプーン、小さな塩入れ、それにキャンドルスタンドが付いています。卵用の「カソレット」は、ファイアンスか磁器でできた小さな片手鍋の形をしていて、蓋と、ろくろ挽きの木製の把手が付いています。イギリスの影響で、フランス人は卵のための食器セット、エッグカップ・スタンドを取り入れました。銀か銀めっきした金属でできた脚付きの台で、中央に持ち手があり、4個か6個の脚付きのコクティエを乗せられる円形のトレーと、スプーンを置くための切り込みが備わっています。エッグカップを2個しか置けないものは、「テタテト《tête à tête》（2人用）」と呼びます。

コクティエ（エッグカップ）

半熟卵は、もともとは妊娠中の女性や身体が弱っている人の薬と見なされていました。料理としての称号を初めて与えたのは、ルイ15世です。彼は日曜日ごとに半熟卵を食べましたが、それは金製のコクティエにおさまり、やはり金製のコルベイユ（カゴ形の容器）の中に置かれていました。ポンパドゥール侯爵夫人も同じようなものを所有していましたが、銀製でした。有名なコクティエはいろいろありますが、王太子妃マリー＝アントワネットのために作られた、ブルー・セレスト（天空の青）のセーヴル磁器製で、銀の台にはめ込まれたものが有名です。

初期のコクティエは貴金属、つまり金か銀で作られていました。また、2つの金属を組み合わせて、外側は銀、内側は金で作られたものもありました。コクティエは、金属製のコップ、スプーン、小さな皿とともに小箱に収められて、誕生日や洗礼、婚約のプレゼントに贈られましたが、その全てに、プレゼントされた人のイニシャルが彫りこまれたり、ハートや鳥、素朴な花などで装飾が施されたりしていました。次に登場したのはファイアンスや軟質磁器製の珠玉の品々で、さらに19世紀になると素材の幅が広がっていきます。たとえばヴェルメイユ、オパリンガラス、パート・ド・ヴェールや型押しガラスなどでも作られました。またバルボティーヌ製のものには巣や雌鶏、卵の殻の形まで、一緒に象られたものもありました[※1]。19世紀末、銀めっき製の製品からは、網目模様、パール状の粒、彫刻、溝彫り、リブ、帯状装飾、組紐模様などの素晴らしい装飾が生まれました。やがて、空想の赴くままに、ヴァリエーションが増えていきます。木製のものも多く作られ、ツゲ、オリーヴ、さまざまな果樹、モミ、トネリコなど、あるいは黒檀、白檀、

3.

4.

5.

1．針金でできた、ビストロのエッグスタンド。19世紀末。

2．銀めっき製のコクティエ。この中のいくつかは内側に金が貼られていたかもしれない。そうしたものは値段が2フラン増しになる（1913年のクリストフルのカタログ）。

3．エッグカップ・スタンド。

4．卵が6個入るココット鍋。12個用の別の型もある。

5．卵を置く窪みがある大皿。

※1：フランス語の表現でgagner le cocotier（うまくやる）という表現の語源はgagner le coquetier（コクティエを当てる）である。この表現は19世紀末に縁日の射的で優勝すると、商品に見立てた型押しガラスのコクティエがもらえたことに由来している。

ユソウボクといった外国産の樹木が使われました。それらは丁寧にろくろ挽きされたり、また大雑把に彫刻されたり、彩色されたり漆塗りされたり、あるいは焼き絵を施されたりしました。他の素材も登場し、ストーンウェアや釉をかけたテラコッタでひなびた味わいのコクティエやシンプルにアルミニウム、鉄の針金、エナメルを施した金属板、ブリキ製も作られました。また、もう少し高価なものでは真鍮、角、象牙、さらに現代的な素材、ベークライトまで使われたのです。

形

コクティエの形は常に同じですが、ヴァリエーションは無限です。おまけに小さなサイズときていますから、コレクションには理想的です。ただし、テーマや装飾、素材を明確に限定してコレクションすべきです。高さが10センチメートルを超えるものはほとんどないコクティエは、バラスター(手すり子)の形をしていることがあります。つまり、ややふくらんだ脚の上にカップが載っている形です。カップの下部が3本脚のもの、単純な球状のもの、動物の脚の形をしているものもあります。ドゥミ＝アングレ(半分イギリス)と呼ばれる形は脚が短く、イギリス人が「バケツ」と呼ぶ形は脚がなく、「ディアボロ」または「ボビノ」は、2つの円錐が反対向きに、それぞれの頂点で接した形をしています。コクティエによっては、スプーンを置くための受け皿が付いていたり、しばしば塩と胡椒を入れる容器が付いていたりするものもあります。

チーズとバターのために

18世紀にはチーズはあまり食べられていませんでしたが、ブリーなどいくつかのチーズは、人気があったレシピに使われていました。しかしフレッシュタイプのチーズは、磁器製の魅力的なフロマジェに入れてアントルメに供されました。フロマジェとは円筒形の器で、乳清の雫を備え付けの受け皿に落とすために開口部に穴が開いているものです。

食事の終わりにチーズを食べる習慣が始まったのは19世紀のことです。この時期に、クロッシュ(鐘形のカバー)が付いたカット装飾のクリスタルや陶磁器製のトレーが登場しました。

ブーリエと呼ばれるバターの容器は、14世紀から存在しています。それはかくはん器または小さなバケツの形をしていて、大きさがぴったり合うトレーの側に2本の垂直方向のほぞが付いていました。そして小さなクロッシュで覆われた皿か、金属製の受け皿に載った、クリスタルでできた容器が備わっています。後者には、金属製の蓋(上下に動くようになっているものもありました)が付いていました。バターを冷やせるブーリエは磁器か、陶器でできていて、ガラス製の容器と二重になっていました。冷たい水が、バターを丁度良い温度に保ってくれるのです。2つのパーツから成るブーリエもありました。一方には穴が開けられていて、その中に台座が入り込んでいます。バターは2つの部分の間で押しつぶされて穴から、花びら状になって出てきます。

コレクターの方々へ

コクティエは理想的なコレクション・アイテムです。場所を取りませんし、コレクションのためのあらゆるテーマが可能です。たとえば、バルボティーヌのコクティエ、ツゲでできたもの、巣の形のもの、装飾のあるガラス製のもの、等々。

最も高価なのは銀製のものです。様式と細工の精巧さとともに、有名な金銀細工師の刻印が入っているかどうかで値段が決まります。

ファイアンスと磁器の場合、値段が高くなるポイントは装飾の精巧さと保存状態とサインです。稀少な木材で作られたものはとても人気があります。

しかし何と言ってもテーマの独自性が愛好者を引きつけるのです。コクティエは多くの場合、6個または12個で売られていました。ですから少しずつそろえていくことができますね。

1, 2. 筒状のブーリエ。

3. カマンベール用のクロッシュ。

4-6. ブーリエまたは、おろしチーズの製造器。

7. 銀製のコクティエ、1950年代。

8. ファイアンスと磁器の「ディアボロ」型コクティエ。

9. 様式化された花の絵付けが施されたファイアンスのコクティエ。

10. 貝殻形のバターを作るための、銀めっきした金属製の型。

PLATS ET SERVICES SPÉCIFIQUES　大皿と特別な用途の器　77

2.　　　　　3.　　　　　4.

Les plats à dessert
デザート用のさまざまな器

「デザート用の食器の多くはカット装飾のクリスタルで作られていますが、相変わらず銀製やヴェルメイユの器が非常に好まれており、また磁器製のジャット（碗）が流行遅れだということもありません」。20世紀初頭のマナーの指南書は、このように断言しています。この時期には、甘い物を現代よりも多く食べていたようです。そのおかげで、デザート類に関する、格別に魅力的なあらゆる種類の皿を生み出すことになったのでした。かつて果物とお菓子は、食事の初めから食卓上に飾りとして置かれていたようです。そのため、食卓のセンターに置かれていたコンポティエとプレザントワールは優雅に脚を付けて背を高くし、2個組か4個組で作られていたのです。

コンポティエ

コンポティエは、名前からはコンポート※1用の器と思われがちですが、かならずしもそうではありません。生の果物やクッキー、クリームやアントルメ※2にも使われました。それは特徴のある形をしており、内側の縁がなく、比較的深く内側に落ち込んでいるため、洗面器のような形をしており、口縁にはぎざぎざの刻みがつけられているものもありました。脚がないものには、三角形や正方形、長方形、そしてゴンドラ形や貝の形をしていることもあります。特にサン=クルーとセーヴルの軟質磁器にこのような例が見られました。やがて19世紀なると、コンポティエは背が高くなります。小型の台座に載るか、大胆な脚が付けられ、さまざまな高さにすることが可能となりました。鉢の部分はガラス、クリスタル、ファイアンス、銀めっきを施した金属、またはブロンズ、ホワイトメタルで作られました。コンポティエはしばしば食器セットの一部を成していて、その場合はイニシャルや紋章が入れられています。19世紀末には、カット装飾の厚いクリスタルでできた深さのある器に、銀めっきした金属製でふんだんに装飾が施された、取り外しのできる脚が付いたものが特に好まれ、食卓の中央を飾りました。

果物用のコルベイユ

コンポティエやジャット以外に、19世紀になると徐々に、果物やお菓子を、その産地を思い起こさせるような、ひなびた味わいの容器であるコルベイユ（カゴ形の容器）に入れて見せることが増えてきました。初期には磁器で作られ、1850年から80年にかけては、金めっきを施した銀や、金彩か銀めっきを施したブロンズで作られ、時にメタル製品は、カゴ細工を模して編まれていました。1890年以降は柳材が食卓に登場します。いくつか興味深いものを挙げると、ブドウ用のコルベイユはメタル製品か

5.

1. オードヴル・スタンド《竹》のデッサン。3本脚で、ギリシャ風のモティーフで飾られたクリスタル製の2つの器がセットされている。クリストフルのアーカイヴ、1860年頃。

2, 4. 十六角形の菓子用の皿。当時のクリストフルのカタログによれば、左が《バラ模様》、右が《放射状の底》。

3. 支柱と2つの器、砂糖用のボウル、クリームポットから成る、イチゴ用の食器セット。

5. プロヴァンス風の、編模様の果物用のコルベイユ。ファイアンス、復刻版。

※1：果物のシロップ煮。
※2：食後に出される甘いデザートのこと。元々はメインディッシュとデザートの間に供される軽い料理を指す言葉だった。

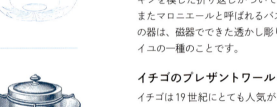

1. シャーベットやアイスクリームを保冷するための、3つの部分から成るアイスクリーム・クーラー。クリスタルと銀めっき製。クリストフルのモデル。

2. イギリスのファイアンスのコンポティエと皿。ウェッジウッド製陶所、1930年代。

ヤナギでできた楕円形のパニエ(カゴ)の一種で、ブドウを吊り下げるためのフックが付いた大きな把手が付いていました。熱い栗のための皿は、銀と同様ファイアンスでも作られ、畳んで半開いた状態のナプキンを模した折り返しがついていました。またマロニエールと呼ばれるバスケット型の器は、磁器でできた透かし彫りのコルベイユの一種のことです。

イチゴのプレザントワール

イチゴは19世紀にとても人気がありました。イチゴを盛り付ける器に関しては、最高に美しいものを作る努力が続けられました[※1]。もっとシンプルにたくさんのイチゴを出したい時には、何らかの容器か、銀の編模様の大きなコルベイユに入れました。このようなコルベイユは二重になっていて、イチゴは傷がつかないように内側のクリスタルでできた容器に入れるようになっています。その他のイチゴ用の食器セットには、フルーツを入れる2つの鉢とクリーム入れと砂糖入れが、台の中にはめ込まれているものがありました。ファイアンスやバルボティーヌの、水切りと二重になった愛らしいデザインのものも見つけることができます。

アイスクリーム・クーラーまたはグラシエール

18世紀になると、フランス人はシャーベットやアイスクリームに夢中になりました。この情熱に応えるために、新しい容器のカテゴリーも発明したのです。アイスクリーム・クーラー、またはグラシエールです。その原理は単純ですが、なかなか上手くできています。それは2つの把手がついた容器と、その内側にぴったり収まる容器、そして窪みがあり洗面器のような形をした蓋から成る3つの部分からできています。冬の間に凍った池から採取し、氷室に貯蔵し

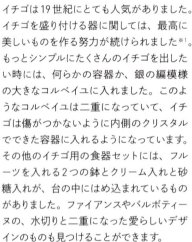

ていた氷を、この2つの容器の間と蓋の窪みに詰めます。こうして、シャーベットやアイスクリーム、当時の呼び方では「雪」、は冷たさを保てたのです。中でもセーヴルの製陶所で開発され、他の軟質磁器、次いで硬質磁器の製陶所が模倣したこのタイプのアイスクリーム・クーラーは、豪華で洗練された品です。

19世紀も相変わらずアイスクリームの熱狂は続いていました。それは夜に、デザートとして、あるいは夕食後にサロンで食されました。アイスクリームは個人用の、磁器でできた小さな蓋付きのカップに入れて、お揃いのトレーにセットされて供されました。

デザートとタルトの皿

デザート用に、磁器の製造業者は両脇に把手が付き、口縁には透かし彫りやギザギザした彫りなどの装飾が繊細に施された、愛らしい小さめのデザートプレートを発明しました。中でもアイスクリームは、銘々の蓋つきカップの器に盛られ、同シリーズの一枚のトレーに載せられてサービスされました。このような皿類は、一般に「特別の」と呼ばれる食器セットの一部なのです。たとえばタルト皿タルトの底と同じように平らなプレザントワールで、脚または台座によって持ち上げられていました。

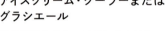

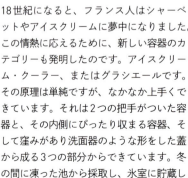

コレクターの方々へ

白い菓子用の皿で、口縁に金彩が施されていたり丁寧に絵付けされていたりするものは、状態が良い物であっても充分予算の範囲内です。

トレーがついた魅力的な小さなクリームポットは、もうほとんど実用性がありませんが、むしろ装飾となっています。

※1:コルベイユがいかに重要視されたかが伺えるものとして、当時のある文献には、次のように記されている。「パリのある店(『クリストフル』を指す)では、銀とクリスタルでできた新しいコルベイユを売り出した。このコルベイユは、食卓の中央に置かれるグループの中でも、中心を占める物だ。コルベイユの周囲には銀の台の中にクリスタル製の容器がいくつか納まり、その中には粉砂糖、キルシュ酒、ラム酒、マラスキーノ酒、軽めのクリーム、オレンジとパイナップルの輪切りなどを入れることができ、美食家たちが好みに応じてイチゴに加えられるようになっている」。

LES COUVERTS
カトラリー

スプーン、フォーク、ナイフ。現在では不可欠なこの3本の品は食卓に登場するまでに何世紀もかかりましたが、ひとたび定着すると、なくてはならない存在になりました。19世紀後半、金属への銀めっき法が発明されると、個人用のカトラリーはさらに種類が増え、シャティヨン=デュプレシは雑誌『サラマンジェ（食堂）』にこう寄稿しました。「いつの日か、フォークをつかむための道具が発明されるのではないか……」。ところがそれ以降、特別なスプーンやフォーク、ナイフを必要とする料理は1つも現れていません。

こうしたカトラリーの中でも、たとえば先端の外側でメロンや魚、あるいはケーキを切ることができる奇妙なフォークなどはもう存在していないとしても、文句を言うわけにはいかないでしょう。なぜならこうしたカトラリーこそが、テーブルアートを比類なき水準まで成長させた多くの逸品が誕生したこの絢爛豪華な時代に、金銀細工師が生み出した真の宝物だからです。

18世紀に頂点に達した古い銀器は、熔融令が強制されたことによって数がきわめて少なくなり、価格は高騰しています。しかし19世紀のカトラリーの供給量はかなりのものです。忍耐強く、諦めずにコレクションを続ければ、誰もがそれなりの付加価値を得られるでしょう。

1.

L'argenterie
銀器

ヨーロッパにおける金銀細工は最も古い芸術の一つですが、偉大な金銀細工師がその才能を存分の発揮できるようになったのは、アメリカ大陸とその地にある銀鉱山発見のおかげでした。その一方、数十年もの間食卓のしきたりは、カトラリーやその他の品がどんどん数や種類を増やすにつれ、洗練されることを求め続けました。19世紀には、銀めっき製品が純銀製品に取って代わり、食卓の銀器の世界をさらに広げました。

古い銀器

私たちが「古い銀器」と呼んでいるものは、18世紀に、偉大な金銀細工師ニコラ・ドローネー、クロード・バラン、ニコラ・ベニエらとともに始まります。残念なことにこの時代の銀器は、戦費調達のために複数回にわたって熔かされてしまいました。ルイ14世による1689年と1709年の王令が特に有名です。その後もフランスの金銀細工の傑作が、多数失われてしまいました。外国の君主や貴族が注文した品々が残されていたのは不幸中の幸いだったと言えるでしょう。しかし、同時代にイギリスで作られた銀器が豊富に残っていることと比較するだけでも、フランスの銀器が受けた破壊の被害がどれほどのものだったかを理解することができます。ただいくつかの豪華な品以外にも、日用の品、たとえば塩や砂糖の容器、キャンドルスタンド、角を落とした大皿、コップ、ブイヨン用のエキュエル、水差しなどが残っています。

ロカイユ様式は1723年に、装飾に左右非対称の動きを取り入れたジュスト・オレール・メッソニエの影響のもとに誕生しました。この様式を穏やかにしたスタイルを、当時の日常使いの食器に見出すことができますし、現代でも復刻され、愛されています。波形の輪郭の大皿、バラスター形のティーポットやコーヒーポット、チューリップ形のタンバル※1、砂糖入れ、塩入れ、バラスター形の燭台、ヴァイオリン形や、ヴァイオリンと貝殻が合わさった形のカトラリーなどがこの賑やかな様式に対する反動で、ルイ16世時代の銀器は古典古代への回帰を見せました。その傾向はポンペイ遺跡の発見によってさらに強化されました。ジャック＝ニコラ・レティエは新古典主義の傑作を作り出しましたが、特にロシア宮廷のために制作したものが有名です。

近代の銀器

金銀細工師はフランス革命とともに姿を消してしまいましたが、ディレクトワール（総裁政府）時代に復活し、アンピール期に新たな飛躍を遂げました。やがてアンリ・オーギュスト、マルタン＝ギヨーム・ビアンネ、ジャン＝バティスト・クロード・オディオがこの時代に君臨し、壮麗な作品を世に送り出すことになります。彼らの銀器は浅浮彫りでモティーフが表され、唐草模様、鷲、白鳥、そしてエジプトが流行していたためスフィンクスの装飾が施されていました。新興のブルジョワ階級台頭の特徴を示しているルイ・フィリップ様式は、ミネルヴァ女神の頭部を記すことになった課税刻印の新しいシステムと、時を同じくして登場しました。この19世紀の銀器は、現代までに大量に残っていますが、またも、そして相変わらず、ルイ15世時代のロカイユ様式とルイ16世時代の銀器は、ポンペイ遺跡の発見により、古典古代への回帰がより強化されました。フロマン＝ムーリスがナポレオン3世の絢爛豪華な銀器を製作する一方で、19世紀後半は、ゴシック、ロココ、ポンペイから着想を得た、溝彫り装飾が特徴の、様式的折衷のデザインが多く見られます。

銀めっきの革命

しかし何と言っても、19世紀の偉大な発明は金属への銀めっき法でした。電気めっ

※1：金属製のコップ。P.121参照。

2.

P.80 銀製のスプーンと、柄が象牙製で刃が鋼鉄製のナイフ。19世紀。

P.82 ルイ15世様式のカトラリー。

1. 植物に想を得た純銀製のレギュミエ。18世紀。

2. シェフィールドのコクティエ（エッグカップ）とスタンド。1840年。

LES COUVERTS カトラリー

1.

2.

3.

4.

5.

きによって、ありふれた金属を銀の層で覆うことを可能にする方法を発明したのはイギリス人エルキントンです。シャルル・クリストフルは1844年以降、フランスのためにこの方法を活用するようになります。彼はかなりの成功を収めましたが、それは、貴族階級と張り合うことを欲しているブルジョワ階級だけでなく、威厳を損なわずに保つことに腐心する貴族階級にも、また倹約の心配のない、彼らが愛する豪奢と華美に身を委ねることができる皇帝一族にまでも、この技術が歓迎されたためでした。
他の才能ある製造業者、ブーランジェ、エルキュイ、アルマン＝カイヤ、プシエルグ＝リュザンも、クリストフルが通った道に滑り込みました。この時代はまた、工業的な生産が始まった時期でもあったのです。そのおかげで、低コストでの大量生産が可能になりました。
世紀末に向かう時期には、しばしば植物に着想を得た装飾が、ジャポニスムや自然主義、アール・ヌーヴォーの到来を告げながら、少しずつ広がっていきました。アール・デコ様式では、ジャン・ピュイフォルカが明快で簡素な新しいフォルムを生み出していきます（P.87参照）。

銀器の鑑定にあたって

「金銀細工」という言葉は、元は金の細工を意味していました。次いでそれは他の金属、すなわち銀、銅、真鍮、洋銀の細工にも拡大して使われ、後に金と銀に使われるようになりました。「銀器」という言葉は、銀で作られた製品全体を指します。1つの銀器を鑑定するためには、考慮の対象になる要素がいくつかあります。純分、重量、出来栄え、様式です。しかし、最も信頼に値する情報源は、その製品の製作時期、製作地、製作者について教えてくれる、刻印です。

純分

金も銀もそのままでは柔らかすぎるため、純度100％で用いることはできません。いわゆる純銀というのは、実は銀と他の金属、一般的には銅との合金なのです。純分とは、合金の中に含まれる貴金属のパーセンテージのことです。
銀については、2種類の純分が存在します。
第1純分：925/1000、第2純分：800/1000

古い銀器の刻印

銀器について「古い」とは、ミネルヴァの頭部の刻印が登場した1838年より前の時代のことです。最も古い金銀細工の製品とは1791年以前に製作されたものですが、4つの刻印を入れることが義務づけられていました。
• 親方の刻印。一般に金銀細工師の名前の頭文字です。
• 組合の刻印。金属の純分保証をした都市を示し、アルファベットの後に、毎年変わる冠を頂いたデイトレターが記されました。
• 課税の刻印。1672年以降、製造の途中で、税の取立ての任を負う徴税請負人によって付されました（印は徴税請負人毎、また31の納税区域毎に固有のものでした）。
• 納税の刻印。税金を支払ったことを証明する印で、しばしば紋章の形で記されました（昆虫、花、耳など）。

革命の後、1798年から1838年の時期は、3つの刻印が義務づけられました。
• 親方または製造業者（メーカー）の刻印。
• 純分の刻印。1809年までは顔を左に向けた雄鶏、1819年までは右に向けた雄鶏が刻まれました。1819年から38年の間は、雄鶏に代わって老人の顔になりました。
• 保証の刻印。

近代の刻印

1838年以降、「近代の」と呼ばれる銀器には、課税の刻印と製造業者の刻印が義務になりました。課税の刻印はミネルヴァの頭部で、1973年までは右向き、それ以後は左向きです。そして10年毎に変わるアルファベットの記号が付随します。

銀めっき製品の刻印

1861年以降、正方形か長方形の、製造所の刻印が現れます。1983年からは、正方形の刻印とともに銀めっきの品質を示す数字と、製造業者のシンボルマークと頭文字が刻まれています。

カトラリーには、銀めっきの品質が2種類存在します（めっきされた銀の層の厚さの、最も薄い部分の平均で、ミクロンで表します）。第1品質は33ミクロン、第2品質は20ミクロンです。

装飾品としての銀めっき品の規格は、第1品質で10ミクロン、第2品質で6ミクロンです。

そしてシェフィールドとは？

トーマス・ボールソーヴァーによって1742年、イギリスで発明された「シェフィールド」は、「銀被せ」とも呼ばれます。その名称は、イギリスの金銀細工の中心地である都市の名から取られました。それは純銀を使わずに銀製品を作る最初の技法でした。その製造方法は、銅の薄板の両面に銀を流しかけて炉に入れ、銀と銅の三層を完全に熔着させるという技法で、イギリスだけでなくフランスでも真の成功を収めました。しかし、それは1840年に電気めっき法による銀めっきが発明されるまでのことでした。

チュイシング、エングレーヴィング、透かし彫り、ギョシャージュ……

チュイシングとは、槌、あるいはたがねを用いて金属を表側からたたき、輪郭線や艶消しの地を作る方法です。

エンボスは、金属を製品の裏側からたたいて、レリーフを作る技法です。

エングレーヴィングは、ビュランのみを用いて彫ったり、硝酸を使って金属を腐蝕させるなどして、装飾部分を窪ませる技法です。

ギョシャージュは、ビュランを用いたエングレーヴィングの一種で、微細な平行線や折れ線、波線、交差した線等を彫る技法です。丸ひだ装飾はレリーフ状か凹状に、やや細長い卵形を作る装飾の一種です。

透かし彫りは、穴を開けた部分とそうでない部分を極立たせる装飾の技法です。

ヴェルメイユ（金めっきした銀）、ニエロ（黒金）、エマイユ（七宝）

ヴェルメイユを作るには、銀の上に金の層をのせなければなりません。

ニエロを施すには、製品の彫り窪めた部分に硫黄と鉛、銀または銅の化合物を置き、一度炉で加熱します。そうすると銀の上に黒い装飾が現れます。

エマイユは、粉状の不透明または透明なガラス素地を銀の地に塗り、炉に入れて加熱し、ガラス素地を銀に熔着させる技法です。なお、熔着された仕切りで固定されたものは、クロワゾネと呼びます。金属の地を彫り窪めた部分に施されたものは、シャンルヴェと呼びます。

コレクターの方々へ

ストラスブール、ボルドー、リール、パリ、アラスの刻印は古い銀器の良品の証です。贋物に気を付けてください。古い刻印が、時に新品の銀器に熔接されていることがあります。刻印とその銀器の出来栄えや様式を比較することと、刻印の位置や状態をチェックすることが必要です。

紋章が入っていると食器の価値は上がりますが、頭文字の場合は価値が下がります。一般的に、古ければ古いカトラリーほど愛好家の人気は高まります。評価の高さは以下の順です。1838年以前の刻印、雄鶏、老人、右向きのミネルヴァの頭部、左向きのミネルヴァの頭部。

6.

1. 小箱に入った個人用のカトラリー、ナプキンリング、コップ。
2. 小箱に入ったカトラリー、デザート用ナイフ、ナプキンリング。
3. 小箱に入ったイチゴ用のサーバーと砂糖用のスプーン。
4. 小箱に入った小さなスプーン。
5. 小箱に入った魚用のカトラリー。
6. オーク材のメナジェール（食器セット一式が納められる箱）。上段に収納部分があり、引き出しがついている。内側はなめし羊皮張り。
7. レストラン用のレギュミエ。銀めっき製でクロッシュが付いている。

7.

1.

2.

L'orfèvrerie des années 30
1930年代の銀器

驚くほど時代の先端を行っていた1930年代の銀器は、19世紀の装飾過剰な様式に決然と背を向けて現代性を明確に示しました。それは少しも古くささを感じさせず、今も美しい食卓の愛好家を虜にしています。彼らは30年代の銀器と、現代の食器をあえて組み合わせて使っています。

アートはよりシンプルに

1925年の装飾美術博覧会以後、アール・ヌーヴォーのうねるようなフォルムや繁茂する装飾、そして自然主義の様式への反動として、アール・デコが幾何学的な厳格さと、余分な装飾を排した純粋なフォルムを取り戻しました。ジャン・ピュイフォルカ（1897-1945）は、この時代の中心的なクリエーターであった人物です。金銀細工師の家系の後継者であり、アリスティド・マイヨールの賛美者、彫刻家にして数学者でもあった彼は、まず父の工房で働き、次いで彫刻家ルジューヌのもとで働きます。デッサンを通して金銀細工と彫刻を学んだ後、彼は数多くの銀製品と20点ほどのカトラリーのモデルを製作しましたが、それらは球体、円錐、円柱、立方体といった幾何学的な形に基づいたものでした。彼はフォークの歯を3本にし、スプーンの窪みは完全な楕円形、そしてナイフの刃と柄の幅を同じにするなど、カトラリーを単純化します。また、カトラリーの柄に象牙やラピスラズリ、水晶、ガルーシャ、ピエトラ・ドゥーラを再び用いるようになり、当時の他の偉大な銀細工師も彼の後に続きました。たとえばメゾン・テタールのヴァレリー・ビズアールとジャン・テタール、オーコック、エナン、ブーランジェ、サグリエ、ラパラ、ボワン＝タビュレ、カルデヤック、ラヴィネ・ダンフェールといった面々です。クリストフルもまた、アンドレ・グルー、リュック・ラネル、ルイ・シュエ、そしてデンマーク人、クリスティアン・フェルディングスタッドといった、現代性を標榜する偉大なクリエーターの力を借りるようになりました。

コレクターの方々へ

中古のカトラリーは、同じモデルの新品を購入する場合に比べ、約半分の値段です。元の食器セットがバラけたものは、三分の一の値段になります。これはお買い得です。アール・デコの純銀のカトラリーで、高名な作家の刻印が入っているものは、18世紀のカトラリーに匹敵するほど高価です。しかし、単純な幾何学的なモデルで、お手頃な値段の製品も見つけることができます。

1. 純銀のコーヒーセット。把手とつまみは木製。ピュイフォルカ、1938年。

2. 4種類の塩入れのモデル。振りかけ式で、塩を入れる部分はクリスタル製。クリストフルのデザイン原画、1933年。

3. 3種類の振りかけ式砂糖入れのモデル。側面に幅の狭い窪みがあるもの、幅の広い窪みがあるもの、鮫状のもの。クリストフルのデザイン原画、1933年。

3.

1.

LES COUVERTS カトラリー | 89

~ Les couverts individuels ~
個人用のカトラリー

17世紀、人々は各自のカトラリーを所有していました。それはナイフとフォークで、食事に行く時には繊細に装飾されたケースに収めて持っていきました。現在私たちが知っているようなカトラリーが登場したのはルイ14世の治世下でのことです。客人を迎える側が3種類を用意し、皿の片側に並べました。それらはほぼ全てが銀製かヴェルメイユで、金製は国王の食器にのみ用いられました。

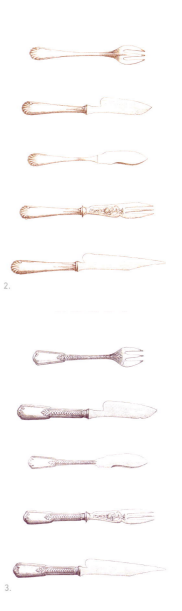

スプーン
世界と同じくらい古いものであるスプーンは、その形状を、曲げた手の窪みの形から取り入れています。初めは木から彫り出されただけのものでした。中世には、窪みの部分が丸く、柄が手のひらと同じくらい幅が広くなり、しっかりと手で握りしめて持っていました。この時代は木製か錫製でした。ひだ襟が流行すると、大きな襟は汚れやすかったため、16世紀末頃には柄が長く、そして平たくなります。17世紀には、スプーンは柄に彫刻が施されるようになり、細工の凝った洗練された品になりました。17世紀末、新しい飲み物である紅茶やコーヒーに添えるための小さなスプーンと、アントルメ用やイチゴ用、コクティエ（エッグカップ）に入った卵用の、窪みの部分が象牙や動物の骨や角でできたスプーンが登場しました。

フォーク
イタリアでは15世紀から使われていたフォークは、カトリーヌ・ド・メディシスによってフランスに伝わり、その息子アンリ3世の宮廷にもたらされます。歯が2本で、短くて粗野な当時のフォークは、軸の部分が太く、角度も鋭角になっていました。同時に複数の人が使うため、フォークは衛生的ではないと見なされ、フランスの貴族には不評だったのです。1640年以降、3本目の歯が備わり、軸の先端は蟻継ぎの形になり、ユニ・プラのモデル、つまり、スパチュール（柄の先端の平らな部分）が3つに分かれているものを先取りしていました。しかしルイ14世は、自らの指を使って食べ続けていたのです。1680年頃、フォークには4本目の歯が備わり、スパチュールと軸は明確に別のものになりました。しかし、相変わらずフォークは受け入れられなかったのです。ルイ16世でさえ、フォークを使わずナイフの先端を使って食べていました。ようやくフォークの使用が一般化したのは、18世紀末のことだったのです。

ナイフ
中世では、先の尖ったナイフは食べ物を刺して口に運ぶために使われていました。ルネサンスの時代になると、ナイフは純粋に実用的な機能を逸脱して、名声の象徴になります。ナイフは金または銀で作られ、柄は象牙やマザー・オブ・パール、そして毒殺から身を守る力があると考えられていた貴石や半貴石で作られていました。当時は誰もが自分のナイフ、普通は折りたたみ式のナイフを、凝った細工のケースに収めてベルトに付けて持ち歩いていたのです。象牙で丁寧に作られた柄には、狩や神話の場面、空想上の動物などが彫刻され、またはファイアンス製で、手描きで絵付けされていました。刀身は金、銀、または鉄で作られ、美しく彫金が施されていました。17世紀における主要な産地はパリ、ストラスブール、そして既に、ラングルが挙げられます。
ルイ14世の時代には柄が銀で作られたナイフが登場しました。銀は展性が高いため、見えないように接合したり、繊細な装飾を施したりすることができたのです。残念ながら、熔融令のために多くが失われてしまっています。銀に代わって、柄がファイアンスや磁器、水晶のナイフが作られました。

1. 銀めっき製のカトラリーのシリーズ。19世紀と1930年。

2,3. 上から下へ 牡蠣用のフォーク、チーズ用ナイフ、バターナイフ、メロンを切ることができるフォーク、メロン用のナイフ。いずれもクリストフル製。(2)ディレクトワール様式。(3)ルイ14世様式。

1. 魚用のさまざまなカトラリーのモデル。クリストフル製。
2. ルイ16世様式の銀めっき製のナイフ。19世紀。
3. 様式化された花の装飾が施された銀めっき製のカトラリー。1925年。
4. ルイ14世様式の銀めっき製のカトラリー。19世紀。
5. 銀めっき製のカトラリー。19世紀末と20世紀初頭。

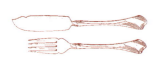

1.

研磨された鉄でできた刀身は、通常尖っています。客人たちがナイフで歯をほじるのを見るのにうんざりしたリシュリューは、高官のセギエに先端を丸くすることを義務づける王令を出させたのです。18世紀になると、刀身が銀製で、柄は黒檀かマザー・オブ・パールで、（銀の節約のために）中に詰め物がなされたナイフが登場しました。その頃のナイフは、刀身の一方の先端（中子）が引き伸ばされて、柄の中に差し込まれていました。

19世紀には、個人用のテーブルナイフはメナジェール（食器セット一式が納められる箱）に収まり、フォークやスプーンとともに「カトラリー」を形成します。19世紀の半ば以降、刀身の鍛造、型押し、圧延、研磨の技術は機械化され、柄の製造も自動化されていきます。

種類の増加

19世紀後半、銀めっき法の発明と機械化は、新しい個人用カトラリーの大量生産と種類の増加をもたらすようになります。
3点セットの通常のカトラリーの代わりに、金銀細工師によっては、中世やルネサンス時代の趣味をまとわせて、ナイフをあえて不揃いにし、柄は黒檀や象牙、角で作ったものもありました。魚用のカトラリーが19世紀末に登場します。それはフォークとナイフの形をしていましたが、きわめて稀に、1点だけのアイテム、つまり外側の縁で魚が切れるフォークもありました。第一次世界大戦までは、フォークの歯の部分同様、伝統的に金銀細工であった魚用のナイフの刀身に、自然から想を得た装飾モティーフが彫り込まれましたが、その後1930年代には、装飾不在のシンプルなデザインが流行となっています。

やがて金銀細工師は、甲殻類や貝類に影響を受け、牡蠣用のフォークは当たり前となり、エスカルゴ用には専用のはさみと歯が2本のフォークを作るようになります。タマキビ貝には小さなフォーク、オマール海老には専用のはさみと小さなスプーン。ザリガニにも、やはり特別な小さなカトラリーが必要とされました。一方、小海老については「ナイフとフォークで殻をむきますが、なかなか難しいものです」と、20世紀初頭のマナーの指南書にあります。

特殊なカトラリー

珍しい物のシリーズ：ティール＝モワル、これは牛の骨髄をくり抜くための一種のピペットで、中空の胴体を骨の中に差し込んで使います。メロンを切ることができるフォーク。短命に終わった個人用のアスパラガス挟み。「このはさみはアスパラガスを口に運ぶのに使います。きわめて厄介な、アクロバット的な動きが要求され、ほとんどの場合不首尾に終わります。そのため数多くの食卓から、この小さな道具は撤去されてしまいました」。

デザートと果物用には、一揃いの個人用カトラリーが存在します。小さなサイズのフォークとスプーン、歯が2本のケーキ用フォーク、歯が3本の果物用フォーク、刀身が銀製かヴェルメイユで柄がマザー・オブ・パールや象牙、黒檀のナイフ、メロン用のナイフ、バター用の小さなナイフ。こうしたデザートやアイスクリーム、果物用のカトラリーは、一般にナイフの刀身やフォークの歯、スプーンの窪みに、自然から直接想を得た波打つようなモティーフが彫り込まれており、他のアイテムよりも装飾が豊かです。

さまざまな種類の特別な用途のスプーンも存在します。紅茶用、コーヒー用、これらは「ロシア式」とも呼ばれます。モカ用、ポタージュ用、卵用（黄身が原因の酸化を防ぐため、窪み部分はしばしば金めっきされています）、ソーダ用あるいはマザグラングラス（陶製で脚付きのコーヒーカップ）用の柄が長いもの、窪みの反対側に砂糖を砕くための小さな杵のような物が付いた水のグラス用、ソース用、ケーキ用、シロップあるいはカクテル用の「ディアブロタン（小悪魔）」……などです。

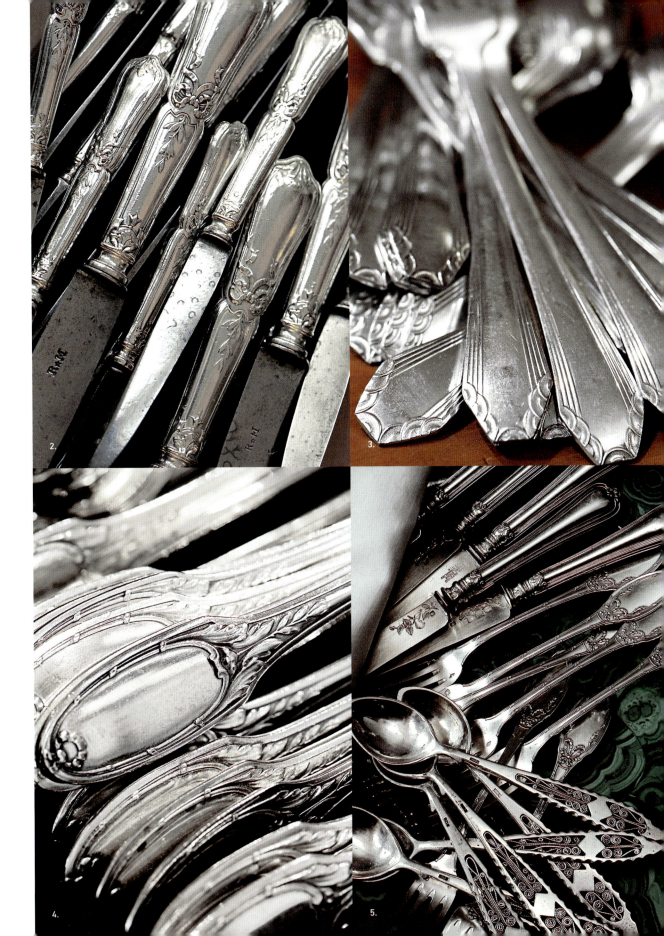

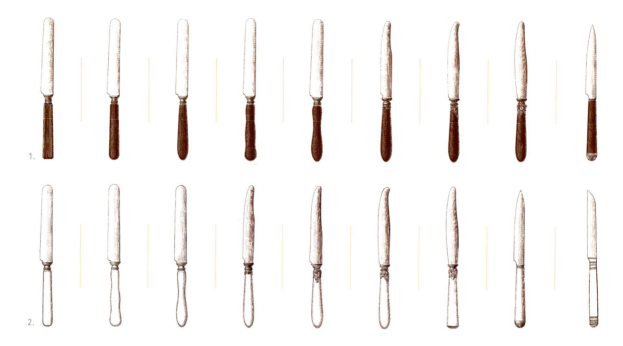

小さな用語辞典

「couvert（カトラリー）」という語は、元々は食卓を覆う全ての物を指しました。そこから、「couvertを置く＝食卓に食器を並べる」という表現も生まれました。couvertは一組のフォークとスプーン、さらにそこにナイフが加わった3つのアイテムのことも意味します。この3点セットがあまりに普通になってしまったので、それらが18世紀までは必ずしもセットではなかったということが忘れられがちです。

1. 刀身が鋼か銀、柄が黒檀でできたナイフ。
2. 刀身が鋼か銀、柄が象牙でできたナイフ。
3. メロンを切ることができるフォーク。柄は象牙製。19世紀。
4. さまざまな様式の銀めっき製のカトラリー。

食器・メナジェール
（カトラリーセット一式が納められる箱）

初期の食卓用の銀器一式が登場したのは18世紀のことで、モロッコ革張りの箱や手提げの箱、あるいは特別な家具に収納されていました。それはカトラリーが6本、または12本ずつの、数が少ないセットでした。19世紀までは、完全なメナジェールは見当たりません。メナジェールが普及し、100点から150点ものアイテムを収納できるほど大型化するには、ルイ・フィリップ時代、次いでナポレオン3世時代を待たなければなりませんでした。この頃には、メナジェールはブルジョワ層の豊かな暮らしの象徴になったのです。1世紀の間、メナジェールは家庭用の布類とともに、欠かすことのできない嫁入り道具の1つでした。

ク・ド・ラからパルメット模様へ

1730年まで、柄がスプーンの背まで食い込んだ《ク・ドゥ・ラ（ネズミの尻尾）》※1と呼ばれたモデルがもっともよく使われていました。それは、フランス革命までの時期に主流となった、シンプルで装飾のないモデル、ユニ・プラが現れる直前のことでした。1700年前後の時期に並行して登場したのが貝殻様式です。まず様式化された帆立貝の形、次にヴァイオリン形の貝殻の様式が現れました。

貝殻とともに、線条もよくあしらわれました。また、スパチュールと軸の間に作られる凹部がこの頃から認められます。
レジャンス（摂政）期からルイ15世時代にかけては曲線が目立つようになり、左右非対称の手法に分類される装飾が広まります。ロカイユ様式の勝利の時代です。
ルイ16世時代には、厳格さとより控えめな装飾への回帰が見られ、結び目、リボン、アカンサスの葉、パルメットといったモティーフが使われました。

19世紀の流行

アンピール（帝政）期には、簡素さが前面に現れるとともに、装飾は古代に源泉を求めるようになりました。ルイ＝フィリップ時代には過去の様式へのリヴァイヴァルから、ユニ・プラ様式や透し模様、リボンやパール状の装飾が見られます。ナポレオン3世様式は、イギリスの影響を受けて過剰なロマンティシズムを示しました。カトラリーの装飾も大げさになり、溝彫りが多用されてきます。それはロココとネオ・ポンペイ様式のごった煮のようなものでした。世紀末になるとジャポニスムが優雅な装飾を展開させましたが、そこには植物から得たモティーフとしなやかな曲線がしばしば見られました。

※1：P.96図版の上段から2番目、右から2番目の形状が「ク・ドゥ・ラ」モデル。

1.

2.

3.

1. イギリス趣味の果物用カトラリー。装飾は日本風。

2. イギリス趣味の果物用カトラリー。柄と刀身はルイ16世様式。

3. イギリス趣味の果物用カトラリー。柄は《近代風》、刀身はディレクトワール（総裁政府）様式。

4. 果物用カトラリー。刀身は銀めっき製、柄は象牙。イギリス、19世紀。

コレクターの方々へ

一般的に古いカトラリーのシリーズは数が少ないため、高価になります。1つのモデルを決め、1点ずつ探し出していくのがおそらく最良の解決策でしょう。大きなスプーンの方が、フォークよりもたくさん見つかるはずです。中でも、古いモデルであるユニ・プラとク・ドゥ・ラは最も高価です。

クリストフルのようなメゾンでは、カトラリーの数多いモデルを、装飾の多さによって「シンプル」「4分の1リッチ」「半分リッチ」「リッチ」「とてもリッチ」等と呼ぶことを提案しています。現代では「シンプル」なシリーズが、「リッチ」「とてもリッチ」なシリーズよりも好まれているようです。

カトラリーの状態をよくチェックしてください。フォークの歯はまっすぐで欠けがなく、良い状態でなければなりません。古いナイフでは、刀身と柄の間の接合部分が完璧な状態でなければならず、多くの場合、ナイフは修復されていると価値が半減します。しかし軽い傷は許容範囲です。

良いカトラリーとは、現在も使用されているカトラリーです。銀や銀めっき製品は、人が使っているとき以上に美しいことは決してありません。完璧な状態に保つには、小箱に収納するのが一番です。擦り傷を防ぎ、光による金属の曇りから守ってくれます。空の古い小箱を見つけるか、新しいものを買いましょう。

洗浄と収納

銀製と銀めっきのカトラリーは、鋼製のカトラリーと一緒にしない限り、食器洗浄機を使用しても大丈夫です。

柄の中につめものがあるナイフや接合部が糊付けされているナイフは、水が染み込まないようにして、必ず手で洗ってください。角や象牙、鼈甲が使われているものも同様です。

カトラリーを洗った後は、水滴を拭って跡が残らないようにし、光を避けて収納することをお勧めします。理想的なのはメナジェールかケースに入れることですが、なめし羊皮や黒い薄紙、アルミ箔でも大丈夫です。ゴムが使われている素材や輪ゴムとは接触しないようにしてください。

ナイフの修復

専門家に直してもらうのが一番ですが、自分で修復することが可能な場合もあります。ただし慎重に行わなければなりません。

ナイフの柄を継ぎ直すには、古いドライバーを使って柄の内側をひっかき、残っているロウや糊を取り除きます。ドライバーを使って、エポキシ系の接着剤を穴の3分の2まで入れます。刀身の中子を差し込みます。背金が柄に密着していることを確認してください。余分な接着剤を柔らかい布で拭き取ります。継ぎ合わせた2つの部分を接着テープを使って固定し、24時間そのままにしておきます。

鋼の刀身の錆を落とすには、玉ネギかジャガイモを半分に切ったもので刀身を磨き、次にコルク栓でこすり、必要ならさらに目の細かい紙やすりでこすります。

ナイフの曲がった刀身を直すには、2枚の堅い板で挟んで万力に固定し締めます。

刃こぼれしたナイフは、万力に固定します。目の細かいやすりか石を使って欠けた部分を平らにします。刃の全体を研ぎ、次に紙やすりで磨きます。

鋼の刀身を研ぐには、油を塗った砥石でこすります。銀めっきされた刀身は研がないでください。

曲がったフォークの歯を直すには

歯が別の歯の方に向かって曲がっている場合は、木製の平定規を当てて直します。

歯が前後に反っている場合は、布で巻いて万力に固定し、少しずつ締めて、望ましい位置まで歯を整列させます。

スプーンのでこぼこを直すには

もしスプーンの窪みの内側がでこぼこしていたら、木の上に置いて丸みのある槌でそっと叩きます。窪みの外側がでこぼこしていたら、充填材を使って型を取り、それを木製の台の上に貼り付け、スプーンの窪みを当てます。そうして、丸みのある槌でそっと叩きます。

96 | LES COUVERTS カトラリー

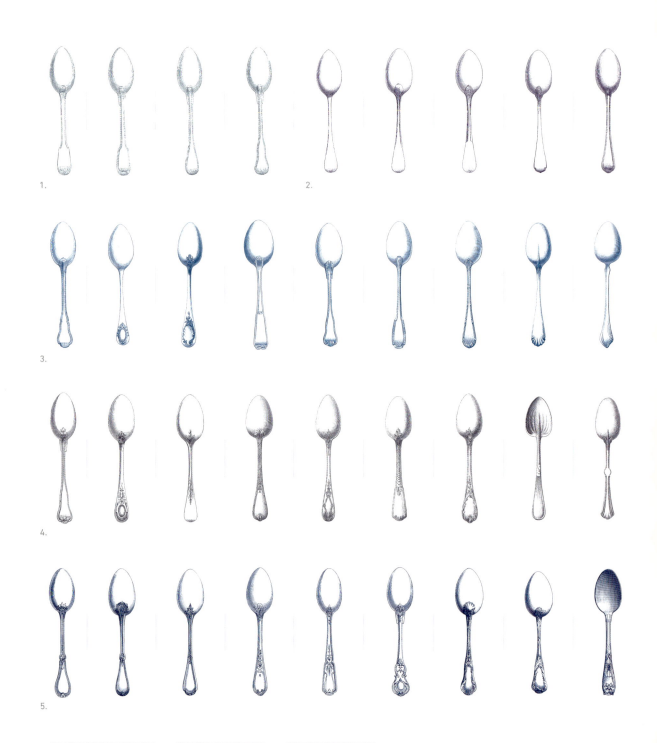

1-5. クリストフルの小さなスプーン。

(1) 《シンプル》シリーズ、1891年。
(2) 《4分の1リッチ》シリーズ。
(3) 《半分リッチ》シリーズ、1913年。
(4) 《リッチ》シリーズ、1913年。
(5) 《とてもリッチ》シリーズ、1891年。

6. 銀めっき製のさまざまな様式のカトラリー。19世紀と20世紀。

1.

LES COUVERTS カトラリー | 99

~ Les couverts de service ~
給仕用のカトラリー

個人用のカトラリーと同じく給仕用のカトラリーも、19世紀後半に限りなく多様化しました。大皿にしてもデザートにしても、専用の特別なカトラリーが必ず存在していました。

金銀細工師のマーケティングが先駆的だったのでしょうか。見せびらかすことを良しとする幸運な時代だったのでしょうか。それはともかく、機能に適合した形態、装飾の多様性、モデルの多彩さは、美しい食卓を愛する人々にとってはまさしく天の恵みなのです。

オードヴル用

素晴らしく魅力的なオードヴル用のカトラリーが考え出されたのは、19世紀末のことです。精緻に仕上げられた品々には、次のようなものが含まれていました。油が切れるように透かし彫りが施されることの多いツナ用のサーバー、バター用のサーバー、モティーフの形に穴が開けられ、しばしば豊かな装飾が施されたオリーブ用のスプーン、ソーセージ用のフォーク、そして小さな三つ又の矛に似た、酢漬けキュウリ用や、サーディン用、ピクルス用（イギリスかぶれには必須）のフォーク。ヘラの部分が長方形の、パテ用の小さなサーバーもありました。

肉を切り分け、魚を盛り付ける

ジビエ（猟の獲物肉）を切り分けるという給仕は、19世紀末に栄光の時を迎えたようです。招待客の前でものものしく振る舞う役は、再び一家の主人の役目となりました。ジビエはしばしば、この演出のために準備したテーブルに載せて運ばれてきました。切り分けるための道具は、3本歯で銀めっきが施された長いフォークと刀身が鋼のナイフです。そこに刃を研ぐ道具が加わることもありました。羊の腿肉の場合は、フォークの代わりに、骨をしっかりと固定して肉を掴めるようにするための、マンシュ・ア・ジゴという器具が用いられます。

チューリップ形をした部分で骨を挟んで使うバネ付きの器具や、骨を差し込んで使う器具などがあります。付け合わせの小さな野菜は「アトレ（飾り串）」と呼ばれる串に刺してありました。ソースは、ソース用か煮込み料理用のスプーンで給仕されました。柄はまっすぐかカーブしているもの、窪みは円形か楕円形、時に注ぎ口が2箇所あり、一方からは脂を、もう一方からは脂を除いたソースを注げるようになっているものです。冷製肉の給仕には、2本歯のフォークが使われました。

魚の給仕は、ヘラの部分に繊細な彫りが施された、平らな「トゥリュエル（魚を切り分けて給仕するためのスパチュラ）」を用いて行われました。

アスパラガス用サーバー

ルイ14世時代には、既にアスパラガスの温室栽培が行われていて、年間を通じて消費されていました。しかし、このとびきりの料理の盛り付けに想像力を発揮したのは19世紀のことです。この野菜を、「ゆりかご」（P.68-69参照）から皿に盛り付けるのに、大きなサーバーが使われたり、二重のサーバー（幅の広いトングで握る部分がついているもの）、サラダ挟みタイプのバネ付きのトング、二重のサーバーで握る部分のない「マン（手）」と呼ばれるものなどが使われました。

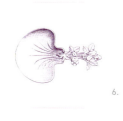

1. 砂糖用スプーン。イギリス製、フランス製、フランス製で穴が開いているもの。19世紀。

2-7. イチゴ用のスプーン。

(2) 穴が開いているもの。
(3) 放射状の装飾があるもの。
(4) 盾形の装飾があるもの。ルイ16世様式。
(5) 交差したリボンの装飾があるもの。ルイ16世様式。
(6) 柄にイチゴの装飾があるイチゴ用サーバー。
(7) 柄にイチゴの装飾がある砂糖用スプーン。

1.

2.

3.

4.

5.

6.

7.

8.

1-8. クリストフルの1913年のカタログに掲載されているくるみ割りのシリーズ。
（1）バネ式。（2）パール状の装飾。（3）ねじり形。（4）ロータス（蓮の花）の装飾。（5）螺旋状の装飾と、玉が付いている形。（6）竹の形。（7）（8）面が作られた形。

9. 給仕用のカトラリー、19世紀。

10. 接合部が銀製、ブロンド色の角製のサラダ用カトラリー、銀めっき製で柄に詰め物がなされた魚用のカトラリー。19世紀。

（P.102-103）
1. ルイ16世様式の、銀めっき製のさまざまな給仕用のカトラリー。1880年頃と1930年。
2. ケーキ用のサーバー。イギリス製。
3. 純銀製のイチゴ用のサーバー。フランス、19世紀。
4. 純銀製で穴の開いたケーキ用のサーバー。フランス、19世紀。
5. オードヴル用かピクルス用のフォーク。イギリス製、19世紀。

サラダ用のカトラリー

サラダのサーバーにはスプーンとフォークが使われますが、通常、酢による酸化を防ぐため象牙か角でできています。柄は銀めっき製か純銀製です。取り外しができる専用トングは、サラダを両手でかき混ぜてから片手で給仕することができるものですが、特許を取得した品であるにもかかわらず、華々しく活躍することはありませんでした。

卵用

半熟卵用のエッグカッターは、はさみのような形であったり、穴の開いた幅の広いヘラのような形で、卵用の、透かし彫りのあるスプーンが付いています。卵は大皿で供し、サーバーを添えます。サーバーはアイスクリーム用のサーバーに似ていますが、丸い形をしています（アイスクリーム用のサーバーは楕円形です）。

調味料用

塩用のごく小さなスプーンと、小さなマスタード用のスプーンは、18世紀から存在しており、しばしばナツメグ用の円筒形のおろし器と一緒になっていました。それらは大きなスプーンと同じように、入念に装飾が施されていました。

チーズ用のナイフとデザート用のスプーン

チーズは、現代の私たちが知っているような、刀身が鋼の特別なナイフで給仕されました。チーズに添えられるパンを籠から手で取るのは、礼儀にかなっているとは言えません。そのために、フォークか特別なサーバーが用意されています。
アイスクリームは小さな「セルペット」かナイフ、あるいはサーバーで給仕され、タルトはサーバーで、ケーキはナイフで給仕されました。
果物とシロップ用の長くうねるような形のスプーンは、イチゴ用のスプーンやサーバーと同じように格別に優雅なものです。イチゴ用の品では、窪みにはしばしば果物をかたどったエンボスが施されています。ブドウは、ブドウの枝と房の装飾がいっぱいに施された専用のはさみで切り取ります。ポンチ用のスプーンは、すくう部分が横方向に付いていて、先端が広がっています。そして長さの4分の3の部分に木製の柄がついています。

スイーツ用

スイーツ専用の魅力的なカトラリーと言えば、ボンボン用レードル、果物のコンフィー用のフォーク、砂糖用スプーン、プティ＝フール用のサーバー、そしてマロングラッセ用のトングの5点です。
粉砂糖には、繊細に透かし彫りが施されたサーバーが使われましたが、同じようなものに内側に金めっきが施された小さな穴のあいたシュガーシフタースプーンもありました。
また砂糖の塊は、シュガークラッシャーを用いてあらかじめ砕き、トングで挟んでいました。このシュガートングは、イギリスからもたらされた製品です。

コレクターの方々へ

給仕用のサーバーは全て、コレクターにとっては喜びのアイテムです。未知の品を発見する楽しみがあり、砂糖用のサーバーを購入することはそれを満たすのに充分なのです。小さなケースの中に、オードヴル用のセットや銀製のスイーツ用の品、あるいはマザー・オブ・パールの柄を見つけることができるでしょうし、それらは高価過ぎることがないのです。
切り分け用のナイフや、柄が黒檀や角でできたサラダ用のカトラリーも、手の届く値段です。

9.

10.

LES COUVERTS　カトラリー

1. 肉を切り分けて給仕するためのカトラリー、羊の腿肉用カトラリー、研ぎ道具、骨を挟む部分が上下に動くマンシュ・ア・ジゴ、骨を差し込んで使うマンシュ・ア・ジゴ、コトレット（羊の骨付き背肉）用のマンシュ。

2. 魚給仕用の輪郭が美しいカトラリー、楕円形の魚用トゥリュエル、魚用トゥリュエル、オマール海老用のフォーク、エスカルゴ用のフォーク、牡蠣用のフォーク。

3. 柄の部分のふくらみがあるサラダ用サーバー、日本風のサラダ用サーバー、イギリス趣味のサラダ用サーバー、レードル、アスパラガスのサーバー、アスパラガス用のトング。

LES COUVERTS カトラリー

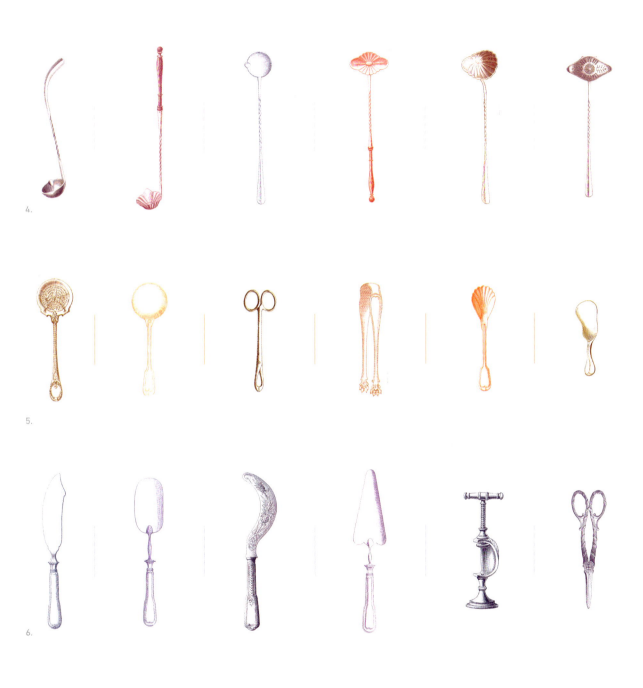

4. 装飾のない果物用のスプーン、リブのある果物用のスプーン、装飾のないシロップ用のスプーン、注ぎ口が2つあるポンチ用のスプーン、注ぎ口が1つのポンチ用のスプーン、蓋に穴が開けられたメトランク（モーゼルワインにハーブを漬け込んだ食前酒）用のスプーン。

5. ルイ16世様式の砂糖用スプーン、ブラウンシュガースプーン、砂糖を砕いて挟むトング、角砂糖トング、窪み部分が貝殻装飾の砂糖用サーバー、装飾のない砂糖用サーバー。

6. アイスクリーム用のナイフ、アイスクリーム用サーバー、アイスクリーム用セルペット（小さい鎌）、タルト用サーバー、くるみ割り、ブドウ用のはさみ。

＊図版2の(1)以外は全てクリストフルのモデル。

1.《ノルマンディー号》モデルの純銀製カトラリー。特徴的な組み合わせのイニシャルが入っている。ピュイフォルカ、1935年。

2. アスパラガス用の二重のサーバー。上から下へ　溝飾り付き、彫刻の装飾と透かし彫りが施されたもの、透かし彫りが施されたルイ14世様式のもの、透かし彫りが施されたルイ16世様式のもの、ロータスの透かし彫りが施されたもの。

L'argenterie de palace
パラスと呼ばれる高級ホテルの銀器

カトラリーはシンプルで機能的であっても、魅力にあふれています。中でも、モノグラム[※1]が施された高級ホテルや鉄道、大型客船の銀器からは、クルージングや湯治等のレジャー文明の始まりの様子が想像でき、楽しい夢を見させてくれます。

鉄道の中で

1880年以降、フランスの鉄道網は急速に拡大し、ブルターニュ地方、ノール県の海岸、リヴィエラには海水浴客が殺到するようになりました。また、皇妃ウージェニーのおかげでビアリッツがリゾート地として有名になり、イギリス人はニースで冬を過ごし、オリエント＝エクスプレスは富裕な乗客たちをイスタンブールまで運んで行きました。

こうした鉄道の旅は、映画人や小説家の夢とインスピレーションの源になります（映画『見知らぬ乗客』、『オリエント急行殺人事件』、小説『寝台車のマドンナ』など）。1884年創業のワゴン＝リー社（国際寝台列車会社）は、上流階級の顧客を贅を尽くした設備の列車で運び、乗客たちは盛装して、豪華なホテルのような食堂車でのディナーを楽しみます。同社は駅の食堂も経営していました。食器類は、クリストフルを筆頭に高名な銀製品のメーカーに発注され、それぞれにワゴン＝リー社のイニシャル、まずCWL（Compagnie des Wagons-Lits）、のちにWLが入れられました。イニシャルの位置は、カトラリーが使われる列車が、イギリス行きかフランス行きかによって、表側か裏側のどちらかに刻まれました。

ホテルとレストラン

トゥケからマントンまで、フランスのすべての海岸に沿って、さらにスキー場や湯治場には、しばしばカジノを伴う豪華なホテルが建設されました。首都パリと、オテル・デュ・ルーヴル（1855年創業）、グラン・トテル（1862年）、リッツ（1898年）、クリヨン（1907年）、リュテシア（1910年）、クラリッジ（1914年）といったホテルは、徐々に、特に万国博覧会の時には大いに観光客を引きつけてきました。正規のイニシャルが入ったカトラリーが、何千本もフランスの銀製品メーカーのもとから出荷され、こうしたホテルに納品されていったのです。

大型客船上で

海運会社もまた、フランスの高名な銀製品やクリスタルガラス、磁器のメーカーに呼びかけ、それぞれ専用の食器セット一式やグラス類、銀器を作らせます。たとえば1927年と30年にそれぞれ進水した、大型客船イル＝ド＝フランス号とアトランティック号がその例に当てはまります。また、1935年にル・アーヴルとニューヨーク間を初めて横断したノルマンディー号も同様です。銀製品メーカーのピュイフォルカは、豪華なスイートルーム用の銀器《ノルマンディー》にその名を刻印し、クリストフルは一等と三等船室の食堂に4万5千もの品を納入、リュック・ラネル[※2]はこれを機に《トランサ》シリーズを製作、またエルキュイはツーリストクラスと呼ばれた二等の食堂のための備品を担当しました。

2.

※1：ロゴ装飾。P.183参照。　※2：1893-1965　クリストフル社のデザインを手がけたデザイナー。アール・デコ様式のものが有名。

1. レストラン用のプレス・カナール（カモの肉汁を絞る器具）。銀めっき製、ゾウの頭の装飾。

2. ポタージュ用のスプーン。トランス・アトランティック・ライン（大西洋航路）社のマークが彫られている。イギリス製。

3. いろいろなホテルとレストランから出た品々。銀めっき製。

コレクターの方々へ

多くのホテルが、これら備品の銀器全てをオークションで売却しています。安く買える機会も以前は確かに多くありましたが、今ではもう無理でしょう。

頻繁に使用され、常に丁寧に扱われるとは限らない宿命のこうしたカトラリーは、きわめて丈夫であるべきものです。そのため、カトラリーを覆っている銀の層は、銀めっきに義務づけられた基準以上の厚さであることもしばしばです。

カトラリーやその他さまざまな形の銀食器が少しへこんでいたり、めっきがやや剥げていたりするのは仕方ありません。

無名のイニシャルが入っているカトラリーの評価が低い傾向にある一方、CGT（大西洋横断定期船会社）のような海運会社の頭文字が入ったものは値上がりしています。イギリス人はこの種のカトラリーを大量に作ってきました。ヨットクラブや他のスポーツクラブ、社交クラブがそれぞれの専用のカトラリーを所有しているからです。

黒ずんだ銀製品の磨き方

程度の差はあっても、実践しやすいあらゆる種類の方法があります。たとえば銀製品をジャガイモの皮で磨く、煤で磨いてさらに細かく砕いたイカの甲で磨く、という方法などです。以下の方法は割合に簡単で効果的なものです。

- サン＝マルク製洗剤[※1]を使って熱い湯で洗い、なめし羊皮で磨く。
- ひとつまみのブラン・デスパーニュ（顔料に使う白い粘土の粉）を加えたアルコールで拭く。
- ホウレンソウかジャガイモの煮汁を用いる。
- 小さな品ならば、容器をアルミ箔で覆い、適量の粗塩を加えた湯を注ぐ。その中に品物を浸してしばらく置く。品物を取り出し、力を入れてこする。
- もし黒ずみがひどい場合は、風通しのよい部屋で、同量の酢とアンモニアを混ぜた液で拭き、すすいだ後、磨く。

※1：St. Marc。フランスの代表的な洗剤メーカーの名前。

LES VERRES
ガラス

とっておきの日に使う専用のクリスタルのグラスには、はるか昔には紋章が入っていたものです。「良家」の家庭であれば、水用グラス、赤ワイン用グラス、白ワイン用グラス、シャンパン用のクープ（杯）またはフリュートと呼ばれる細長いグラス、そして場合によってはリキュールグラスなども含めたグラスセット一式を所有しているのは当たり前のことでした。

複数のセット一式を所有している家庭もあり、たいていはバカラやサン・ルイといった、名高いグランドメゾンのものでした。

時代は変化します。貴重な赤ワインを味わうならば、美しい、透明なクリスタルのワイングラスに勝るものはない、という点ではみな一致していますが、水であればコップやタンブルでも十分ですし、シャンパン用のフリュートや、白ワインのグラスは別のシリーズで揃えても楽しいものです。

今や、カラフ（水差し）とグラスを組み合わせるという時代でもありません。少しでも色や形が気に入れば、不揃いのモデルでも、少ない数のセットでも手に入れましょう。たとえばクリスタルグラスを、1脚から購入する事だって可能です。莫大な出費をすることなく、ゆっくりとグラスセットを集めていけばいいのです。

アール・ドゥ・ラ・ターブル（テーブルアート）は、神聖視するような存在ではありません。たくさんのブロカントの中から見つけた、気に入ったビストログラスや、アブサン用グラス、ジョッキなどを、自由にテーブルの上に登場させましょう。

LES VERRES ガラス | 113

ガラス？　それともクリスタル？

ヨーロッパのガラス製造は、イタリア、ボヘミア、イギリス、と順番に覇権が移ってきていました。19世紀になって、ようやくフランスが他の追随を許さない美しいクリスタルガラスを作れるようになり、フランスのテーブルだけでなく、ロシア皇帝ツァーや、インドのマハラジャのテーブルをより美しく飾るようになったのでした。

起源は不明

ガラスがどこで作られたのか、起源はよくわかっていませんが、すでに4000年前には、エジプト、ローマ、シリアなどでガラスが製造されていました。BC1世紀にシリアで発明された、竿を使って吹く画期的な方法は、ローマ帝国をまたたく間に席巻し、そして現在でもガラス職人たちが用いています。

ヴェネツィアの栄光

11世紀の初め、ジェノヴァ近くのヴェネツィアでガラス工房が発展します。そのガラスのクオリティはとても高いものでした。15世紀には、ヴェネツィアで「クリスタッロ（水晶のような）」と呼ばれるガラスを発明し、そのエナメル装飾や、クジャク石、オニキス、めのう石などを模したガラスで有名になり、「ラッティモ」という、中国の磁器を模した白いミルク色のガラスや、レースガラス（ガラス棒をガラス種の中に合体させる方法）を作り出しました。これらのガラスはヨーロッパ中に輸出され、「ファソン・ドゥ・ヴニーズ（ヴェネツィア風）」と呼ばれる様式を作り上げ、18世紀まで続きました。

ボヘミアのガラス

ボヘミア地方では11世紀よりガラス製造がおこり、14世紀頃から発展していきました。この地域で生産されるガラスは、カリウムを含んだ、透明で輝きのある固いガラスで、非常に屈折率が高いため、高浮彫りで天然の水晶を彫るまでに可能だったのです。16世紀には、カスパー・レーマンによるホイール・エングレーヴィングの技法が生み出されました。1730年以降、ボヘミアのガラスはヴェネツィアのガラスを凌駕するようになります。18世紀中頃には、ボヘミアのガラス職人はカットガラスと二層あるいはそれ以上の色被せガラスを融合させ、7年戦争[※1]までの間、ヨーロッパ中を席巻しましたが、この7年戦争による大陸封鎖とナポレオン戦争によって、徐々に経営が悪化していきました。

クリスタルを発明したイギリス

1615年、イギリスのジェームズ1世は、薪不足に直面し、ガラス職人らに、燃料としての使用を禁じました。1676年、かつてヴェネツィアで働いていたロンドンのガラス職人、ジョージ・レーヴェンスクロフト（1618-1681）が、薪の代わりに石炭を用い、材料にカリの代わりに鉛を用いてみました。その新しい素材は「フリントガラス」と名付けられました。鉛クリスタルの誕生です。さらに、より重いホイールを使用することにより、装飾はより正確なものが仕上がります。ヴェネツィアやボヘミアに替わって、鉛クリスタルがおよそ1世紀に渡って、1782年まで、イギリスでほぼ独占することになったのです。

フランスのガラス

フランスでは中世のころ、ガラス職人のほとんどは薪を多く使用していたため、各地を点々と移住していました。1615年には、3000人を下らないガラス職人たちが存在していましたが、16世紀中頃になるとようやく、ガラス工房が定着するようになりました。シダによる薪は燃料となり、灰はカリウムと混ざって、ペンチで加工しやすい原料となりました。16世紀から18世紀の間、これらの軽くて輝くガラスは、どれも「ヴェール・ドゥ・フジェール（シダガラス）」と呼ばれ、地域によって微妙に色が違ってい

2.

P.110
左：アペリティフ用グラス、20世紀初頭。
右：クリスタルのゴブレット3点。

1. 微妙な色被せガラス、1880年頃。

2. クリスタルの被せガラス3点。ボヘミア、19世紀。

※1：1756年から1763年までの7年間、プロイセン王国とオーストリアの大陸を軸に行われた戦争。プロイセンはイギリスと、オーストリアはフランス、ロシアと結び、戦いは全ヨーロッパに広がった。

1. ヨーロッパのクリスタル・グラス一式。18世紀、19世紀。

2. 珍しい色の、ライン川流域ワイン用のグラス。クリスタル、18世紀。

3. ジャンヌ・ダルクの文様が彫り込まれたロレーヌ地方のグラス。

4. クープ、カラフ、フリュート、ポルトガルのカラー・クリスタル。

小さな用語辞典

AFNOR（フランス工業規格協会）による分類：
フルレッドクリスタル：酸化鉛が30％以上含まれているもの
レッドクリスタル：酸化鉛が24％以上含まれているもの
クリスタッロ、セミレッドクリスタル：酸化鉛が10％以上24％以下のもの
「音が鳴り響く」ガラス：酸化鉛が10％程度のもの

ましたが、大流行しました。18世紀中頃になると、フランス政府により森林破壊が問題視され、やがてシダを使用することが禁じられたのです。

また、これらのフランスのシダガラスと並行して、17世紀にはジェノヴァの近くの街、アルターレのガラス職人がフランスに移住し、主にヌヴェール地域にやってきます。熟練職人の彼らは、ヴェネツィア風のやり方で、ガラスに翼の部分をつけ、レースのような繊細な編模様を施すなど、大胆で独自なデザインを生み出しました。中でも最も有名なガラス技術者がベルナルド・ペロット、フランスではベルナール・ペローと呼ばれた人物で、彼は1662年にオルレアンで工房を開き、瑪瑙や磁器を模した、半透明の赤いガラスを発明しました。

18世紀の初頭には、ロレーヌ地方、ノルマンディ地方、ヌヴェール、ナント、パリ、オルレアンなどがガラスの名高い生産地となります。

「パーフェクト」な
フランスのクリスタル

ヴァネツィア、ボヘミア、そしてイギリスを経て、ようやくフランスが19世紀全般を通して、クリスタルの純度、技術革新の永続性、製品の完璧さで抜きん出てきます。この時代、ガラス製品に関して主要な製造所がいくつか現れます。

ミュンツタール・ガラス製造所は、1586年にロレーヌ地方にて創業、やがて1767年にサン・ルイ王立ガラス製造所となります。1781年、板ガラスやコップを作っていたこの製造所は、フランスで初めて鉛クリスタルの製造に成功し、1825年からは、クリスタルのみの製造に切り替えます。色ガラスの技法を取り入れ、非常に美しいオパリンガラスを生み出し、さらにミレフィオーリのブール（球体）を初めて製作します。バカラも同じような道を歩み出しました。1764年、メスの司教により創設された、ナンシーから50キロメートルほど離れた小さな集落、その名もバカラは、クリスタルに専念する以前は、最初ステンドグラスを、そしてボヘミア風のガラスを製造していました。材料の配合に研究を重ね、またグラヴィールやカットを熱心に研究していた職人の努力により、バカラは「パーフェクト」

と同義語になります。数多くあるフランス東部のガラス製造所の中でも、現代まで続く1705年創業のポルティユー・ガラス製造所、そしてバイエルにあるロワイヤル・ドゥ・シャンパーニュ・クリスタル製造所は特筆すべき存在です。またパリ地方では、ポンパドゥール侯爵夫人が1750年、シャイヨー・ガラス製造所の特権を得て、自らの宮殿のあるセーヴルに移転させました。セーヴルでは、1784年に設立された王妃のクリスタルとエナメルの製造所が、やがてル・クルゾー近くのモンスニに移転されますが、1832年に閉窯してしまいました。パリ地域での他の名高い製造所としては、ショワジー・ル・ロワ（1821-1851）、ベルシー（1827-1835）、そして1844年にクリシーの名になったブーローニュが挙げられます。フランス第3のクリスタルメーカーであったクリシーは、1885年、セーヴルへ吸収合併されます。

19世紀末にエミール・ガレやナンシー派の影響の下、アール・ヌーヴォーが新しいタイプの作品に浸透し、ガラスよりも装飾ピースに施されました。1870年に創業したドームもその例です。1920年代になって、ルネ・ラリックが、19世紀に認められていたテーブルウェアとしてのガラスの重要性を再発見することになりました。

コレクターの方々へ

クリスタルとガラスの見分け方
クリスタルは「水晶のような」鐘の音がします。ガラスよりもより透明で、一般的にガラスよりも重く、光の屈折度も高いです。

古いガラス
そのガラスが古いものかどうかを確かめるには、脚の底の部分に指を当ててみましょう。ポンテ痕によるいびつな形が見つかるでしょうか。19世紀以降のものは、この痕はつるつるしています。古いガラスの色は、その材料によるものです。緑がかった光沢は、西部または西南部のガラス、琥珀色は南東部です。古いガラスの形はいびつで、欠陥、気泡、不純物がみられます。また軽ければ、軽いほど、より古い証拠です。

古いグラスのフット部分は、口径より大きいものが多いです。

色被せのボヘミアのカットガラスは、再び人気が高まっています。古いものほど、色が深みを帯びています。

~ Bouteilles, carafes et pichets ~
ボトル、カラフ、ピッチャー

ワインをサーヴするのに、カラフは必要でしょうか？ 今では上質なワインは、ボトルをそのまま置く傾向にあります。しかし、地方のワインで、軽めで冷やして飲むものは、丸みを帯びた、目の保養にもなる美しいフォルムのカラフに注ぐのが理想的でしょう（「カラフ・ワイン」という表現もあります）。お水もカラフで出すのが適しています。時には面白いピッチャーに変えてみてもよいですね。

1. シャンパン用フリュートとカット装飾のクリスタル製カラフ。18世紀、19世紀。
2. ルーアン製陶所のファイアンスの脚付き大杯、ランブルカン装飾。18世紀初期。
3. ファイアンスの水筒。ヌヴェール製陶所。18世紀。
4. ファイアンスのコーヒーポット。蓋の部分は錫。ニデルヴィレ製陶所。1760年頃。

古いボトル

カラフという言葉の語源は、アラビア語でボトルを意味するgharafだと言われています。17世紀末まで、サーヴするためのワインのボトル（ボトル詰めの技術はもっと後の時代に登場します）は、ワインの産地で作られていました。これらのボトルはメタル、ファイアンス、そして半透明や地域によっては明るいグリーン、暗いグリーン、琥珀色などの吹きガラスでできていました。形もさまざまで、円筒形、球形で首の部分が長くて輪のようになっているものやハンドルがついているもの、内側が滑らかなものやうねっているものなどがあります。ボトルの底にはワインのおりが残っています。18世紀になると、ボトルが量りの単位となることもあり、また特定のワインの産地を記したボトルも登場します。たとえばフロンティニャン※1やボルドー、そしてスペインワインの平たいボトルを模したアルマニャックのボトルなどは、この時代までは大変珍重されていました。イギリスで1世紀以上前にカーボンから発明された、黒いガラスのボトルも残っています。17世紀から18世紀における食事では、水の質がよくないという理由で、ワインを飲んでいました。またワインを水で割って飲むため、ワインは冷たくしてサーブされる必要があったのです。グラスと同じように、ボトルも食事中はビュッフェと呼ばれたサイドテーブルや床に置かれたアイスバスケット（ワインクーラー）に置かれていました。長い間、ボトルは竿を使用した吹きガラスで作られており、その証拠に形もさまざまで、またいびつさや欠陥があちこちにみられます。18世紀には、型吹きの成形方法により、メロンや葉脈模様、らせん模様を施した2つの部分から作られるようになりました。デキャンタは1780年にイギリスで発明されました。

カラフが食卓に登場

19世紀になってようやく、カラフが食卓の上に置かれるようになります。個人のグラス一式が並べられ、カラフもグラスと同じシリーズのものが登場します。

セット一式には、通常2つのカラフが含まれています。大きい方は水用で、小さい方がワイン用です。過去の様式をならい、昔の水差し型、アンフォラ型（両把手付き）、兜型などがありました。また膨らみのある壺型や、まっすぐな型のもので、把手がついているもの、いないもの、蓋があるもの、ないもの、さまざまでした。赤ワイン用のカラフはカットやグラヴィール、金彩を施したガラスで、ライン川流域用ワインのカラフはカット装飾のクリスタル被せガラス、不透明や半透明の、無色や中間色のカラフは、職人たちの果てしない想像の成果でもあったのです。

どうしてもワインをボトルのままテーブルにおきたい場合のために、メタルでできたワインラックや、シルバーや籐で編んだワイン用バスケットなどが19世紀より登場しました。その他、ハンドル付のものでも、なしのものでも、デキャンタ用具と漏斗は不可欠でした。

2.

3.

4.

※1：ラングドック地方の白ワイン。

LES VERRES ガラス

1.

2.

3.

4.

1. アイスクリーム用の器。
2. シャンパンクーラー。
3. ソーダ用ボトル置き。
4. ライン川流域ワイン用クーラー。
5. ねじり模様ガラスのカラフ。19世紀。ガラスやクリスタルのカラフのさまざまな蓋。
6. 美しく繊細なカットを施したクリスタルのオイルとヴィネガー入れ。銀製の蓋、18世紀。
7. シードル用のカラフ。吹きガラス、19世紀。
8. シードルまたはリモナードのカラフとグラス、19世紀。うねり模様のカラフ、18世紀。

小さな用語辞典

シャンパンをsabler（たっぷり飲む）、sabrer（一気飲みする）のどちらが正しいのでしょう？
どちらも間違っています。
かつて、シャンパンをたっぷり飲んで(sabler)いました。言い換えれば、湿った砂(sable)の中に入れて、冷たさを保っていたのです。
一気飲みする(sabrer)ためには、サーベル(sabre)で素早く栓を抜く必要があります。
単純に「ボトルを空ける」と言った方がよいでしょう。

様々なピッチャー

ピッチャーは、口のついた水差しで、元々は量を測るためのものでした。分厚い内側の部分には、水を適温で保存できるようになっており、地方ではテラコッタにエナメル彩を施してあるものや錫、都会ではファイアンスで作られていました。また地域によって、さまざまな特色がありました。ボーヴェでは紺青がかったストーンウェア、ブルゴーニュではブルーのストーンウェア、ピュイゼでは球型や卵型で首の長い、エナメル彩のストーンウェア……。
19世紀末には、サルグミーヌ、サン＝クレマン、クレールフォンテーヌ、サラン、サン＝タマン、アマージュ、デーヴルのようなファイアンス製陶所はバルボティーヌ陶器をこぞって作り始め、人間や動物をかたどったユーモラスあふれるピッチャーを発明しました。北部のオルシでは、ウツボ、白鳥、ロバなどの思いもかけない動物をかたどったオリジナルあふれるものを手がけます。しかし、最も興味深い、手が混んでいるものは、おそらくヴァランシエンヌ近郊のオネン製陶所のものでしょう。ここのピッチャーは、種類も豊富で、面白い型の動物や当時の有名人像を模したもの、船乗りや煙突屋、坑夫や僧侶などの職業人像などを作っています。これらのカラフの内部には、通常は赤いエナメルが塗ってあります。面白いものの1つに、「だまし」と呼ばれるパズルジャグがあります。把手の中は空洞で、膨らんだ胴体部分にくっついており、頸部は透し彫りになっているため穴が空いています。把手にある小さな穴を親指でふさいで、筒状になった口縁部の口から直接飲むのです。19世紀末にはマリコルヌでこの種類のピッチャーが多く製造されました。

シャンパンクーラー

貴金属、ファイアンス、磁器などで作られたワインやグラスのクーラーは、19世紀にはシャンパンクーラーへと変貌しました。ほとんどはカット装飾のクリスタル製で、縁の部分にメタルがはめ込まれていましたが、1850年頃からは、銀めっき製がよく使われました。ほとんどは円筒か円錐の小樽の形で、脚がついているもの、いないものがあり、耳型や輪の把手またはボタン型の把手がついていました。同じタイプのクーラーでもより細長く背の高いものは白ワインやライン川流域白ワイン用ボトルです。シャンパン用アイテムとして、専用オープナーと、可動式または固定の輪っかのついたシャンパン用コルクなどがあります。

コレクターの方々へ

機械で作られていない古いボトルは、それだけで価値があります。その形のいびつさ、形や色の多様さがゆえに、多くのコレクターたちが探しているアイテムです。
非常に古いものに関しては、使用感があるのは仕方がありません。
18世紀のカラフは、19世紀のものに比べてより軽いのが特徴です。また古さのバロメーターとして、底部分のポンテ痕があれば、古い証拠になります。
19世紀のカラフはそれほどの値段はつきません。量も多く製造されており、いろいろなマーケットで見つけられるからです。蓋がオリジナルのものかどうかはきちんと確かめるようにしましょう。首の部分と蓋との間にゆるみがあってはいけません。本体と蓋には、必ず同じ装飾文様が施されているはずです。動物がテーマのピッチャーで、よく使われるモチーフは雄鶏、犬、そしてフクロウです。

カラフやピッチャーのお手入れ

内側のカルキ跡を取り除くためには、ホワイトヴィネガーと粗塩を混ぜてよく振り、しばらく置いて、洗います。
外側の部分は、アルコール燃料、ステンドグラス用洗剤、アセトンなどを使います。カラフが湿った状態で蓋をしてはいけません。
もし蓋が開かなくなったら、オイルを染み込ませます。

小さな用語辞典
18世紀におけるgobelet（ゴブレ）という言葉は、カップをも意味しますので、間違えないようにしてください。
gobelet à lait（ミルクカップ）、à café（コーヒーカップ）
à chocolat（チョコレートカップ）など。

Gobelets, timbales et verres à eau
ゴブレ、タンバル、水用グラス

以前まで、水のコップはワイン用グラスのサイズ違いのものしかありませんでしたが、現在では完全に独立しています。被せクリスタルのゴブレ、色付きグラスやエナメル彩が丹念に施されたグラス、シルバーや磁器製のタンバルなど、どれも食卓に個性やオリジナリティを醸し出すものとして存在しています。

ゴブレ（コップ）

ゴブレとは古代より存在していた器です。円筒型の飲みもの用の瓶で、幅よりも高さがあり、把手はなく、脚もほとんどついておらず、蓋はついているものもないものもありました。ゴブレは主に水を保存しておくためのものでした。初期のころのものは小さなサイズで内壁面が分厚く滑らかでしたが、やがてうねの形が整ったものになり、中世の時代には豪華な容器となりました。銀製や金製で、宝石で装飾されたものもありました。高貴な人物を招待する食卓上に置いて、一度に何人もの人が使用するためのものだったのです。ルネサンス期には、ジョッキのような形になります。非常に豪華で贅沢に細工されたオブジェとなり、木、錫、磁器、貴金属、ときに水晶、また非常に頻繁にガラスで作られ、重要な日や祭事に合わせて使われました。17世紀には、簡素さが戻ってきました。18世紀になると脚のないものにせよ台付きのものにせよ、また磁器、ファイアンス、ガラス（ボヘミア風のカットガラスが好まれました）製にせよ、貴族の食卓には必ず登場するようになります。19世紀の初期には、ゴブレは象嵌細工を入れるようになり、のちに浮き彫りのメダイヨンやフィギュリンヌ（小像）、そしてプレスガラスの成形技術によって可能となった多面カットなどが現れるようになります。1830年以降、水用のグラスはクリスタルで通常脚つきの、他のグラスと調和したゴブレが好まれるようになります。

タンバル（タンブラー）

「timbale」（タンバル）という言葉は、18世紀末に、メタル製のゴブレとガラスやファイアンス、磁器のゴブレを区別するために現れました。しかしアイテムそのものは2世紀も前から存在していました。ルネサンス期のものは、平坦なゴブレで円錐台状の、素朴な外観のものでした。17世紀の初めに、台付きのものが現れたことにより、たとえ胴体部分がまっすぐであっても非常にエレガントな外観となります。18世紀の初めには、タンバルの口縁は「チューリップ」と呼ばれる、少し外側に開いた形になり、一方で胴体部分はその時代を反映した独特の装飾、例えばランブルカン（垂れ飾り模様）などで覆われます。ルイ15世時代では、ロカイユ文様で覆われますが、台の部分はどんどん繊細な細工になっていきます。ルイ16世時代になると、タンバルはより高く、細くなり、自然から着想を得たモチーフで装飾されました。18世紀の終わりからアンピール期においては、また台なしの円筒型で、底が平らで滑らかなものに戻ります。小さくシンプルで角が丸くなり、「丸いお尻（cul-rond）」と呼ばれるようになりました。

19世紀には、3種類のタンバルが共存しま

2.

3.

4.

1. 水用のゴブレとグラス、20世紀。

2. ジャポニスムの装飾のゴブレ、1880年頃。

3. 平らなカット装飾のゴブレ。ボヘミア、1860年。

4. 湯治用グラス　被せクリスタル。ボヘミア、1860年。

1. タンバル（左上から右へ）　円錐形でミツバチのフリーズ文様／じょうろ型無地／じょうろ型でねじり溝と丸襞装飾／円錐形でまっすぐの縦溝／円錐形でリボンの編文様／うねりのねじり文様／旅行用折りたたみ式／サボテン型／旅行用平たいもの。

2. さまざまなカット装飾のゴブレ。
3. ヴェリーヌ（脚のないガラス）製を燭台として。
4. 銀めっき製のタンバル　19世紀末、銀製タンバル2点、19世紀、銀製タンバル1点、20世紀。

1.

2.

す。台付きのもの、まっすぐのゴブレ、そして「丸いお尻」と呼ばれる、底が丸みを帯びた形のものです。銀めっきの発明により、タンバルはすべての家庭で愛用されることになります。また洗礼式でのプレゼントとして、贈る相手の名前を彫り込んで、宝石箱に入れて贈るという習慣も生まれました。タンバルはナプキンリング、コクティエと卵用スプーンのセット、皿、カップ、デザート用カトラリー3点セット、コーヒー用スプーンなどと一緒にお揃いでプレゼントされることがよくありました。この時代、折衷主義[※1]が流行り、装飾様式も過去のさまざまな様式がリヴァイヴァルしたことで、非常に派手な装飾になりました。1925年頃には、この時代のシンプル・エレガンスの流行と共に、タンバルは遠慮がちな装飾のシンプルなゴブレに落ち着きました。

コレクターの方々へ

ゴブレや水用のグラスのチョイスは無限にあります。素材、型、色、原産地……。ムラノ島で作られた色付きゴブレ、オリエンタルのお茶用のグラス、型押しガラスの大振りのグラスなどです。新品のタンバルを買うならば、美しい型の古いものを見つけ出す方がお財布にやさしいのでおすすめです。小さな凹凸はその魅力を半減させたりしません。最も値の張るタンバルは、より古いもので、装飾が最も洗練されているもの、時代的にはアンピール期から王政復古期にかけてのものです。施されている装飾は値段の評価に影響します。フランスの一定の地域、たとえばストラスブールのような金銀細工の質で非常に名高い街で作られたタンバルは、とても人気が高いです。またパリの有名な金銀細工師、ベルティ（Berti）、ビュロン（Burron）、シェレ（Chéret）、ドゥラノワ（Delannoy）、タサン（Tassin）、トヌリエ（Thonelier）、アンジェのジュベール（Joubert）、オルレアンのバタイユ（Bataille）やベシャール（Béchard）、ルーアンのビュネル（Busnel）、ル・ミール（Le Mire）、ルッセル（Roussel）などの刻印の入っているものも人気が高いです。

※1：相異なる哲学・思想体系のうちから真理、あるいは長所と思われるものを抽出し、折衷・調和させて新しい体系を作り出そうとする主義・立場。

3.

4.

1. カット装飾の水用クリスタルグラス、19世紀。皿は現行品。
2. シャンパン用フリュート、ナポレオン3世時代。
3. ビール用グラス、19世紀末。
4. カット装飾のクリスタルグラス、19世紀。
5. 吹きガラスによるフリュート、18世紀。

Les verres XIXᵉ en cristal
19世紀のクリスタルガラス

クリスタルのカット装飾は、幾多ものカット面で光を反射させます。またグラヴィール装飾は、この上ない繊細さを醸し出します。さらに金彩を施したクリスタルや、神秘的で深みのある、被せクリスタルなど……。ほっそりした脚を持つ、この小さな素晴らしき存在「クリスタルガラス」ほど、食卓上で私たちの目を楽しませてくれるものは、他にはありません。

楽しみのオルガン

18世紀までは、グラスはテーブルの上には置かれず、ビュッフェと呼ばれるサイドテーブルのガラスケースの中に置かれていました。招待客は、飲み物がほしくなると、使用人に頼んでグラスを持ってきてもらい、空になるとまた元の場所に戻していたのです。同じグラスは、他の招待客にも使われていました。もっと古くは金属や陶磁器のゴブレが使われていました。

ルイ14世時代になると、飲み物に応じたサイズのグラスが出てくるようになります。豪華で、テーブルやサイドボードに置くのにふさわしい外観だったため、「楽しみのオルガン」と呼ばれるようになりましたが、あい変わらず招待客個人のものではなかったのです。1830年頃になってようやく、個人のグラスというものが3脚から6脚の、同じ形、同じ装飾の一式のもので、皿を前にして、ひし形、正方形、または長方形に順序よく並べられ、カラフもお揃いのものが登場するようになりました。

この新しい生活様式によって、クリスタル職人たちは発明の情熱に勢いをつけ、装飾や、色付きガラスや普通のグラス、とりわけ被せクリスタルを生み出していきました。以降は、同じシリーズで水用のグラスとビール用のグラス、それぞれ異なった赤ワイン用のグラス、マディラ酒用グラス、リキュール用グラス、シャンパン用グラス（クープ杯やフリュートの形はすでに16世紀にはロレーヌ地方で使われていました）、さらには「不可能なグラス」または「乾いたお尻」と呼ばれるグラスで、脚がないため一気に中味を飲み干す必要のあるグラスなどが作られました。これらのグラスはすべて吹きガラスで、装飾は手彩で行われていました。

クリスタルの吹きガラス

ガラスもクリスタルも、3種類の原料の融合によって作られます。ガラス化する原料（珪土、砂）、溶剤（ソーダ、カリウム、最小限の鉛）、安定剤の3つです。

ガラスを成形するためには。まずパリソンと呼ばれる、ガラス種作りから始めます。窯の中で、中が空洞な竿を用いて、このガラス種の中に必要なクリスタルの量を「溶かし」、その原料を型取ったメタルや木の中に吹きます。そのガラス種の上に、親方は他の職人から受け渡される脚に必要な少量のクリスタルを上手につけて、グラスの脚をつくります。その後、伸ばして形を整えていきます。次にまた同じような方法で、別の職人が、脚に必要なクリスタルを渡していきます。いったんガラス成形が終わると、竿を外し、再び熔解されます。その後ガラスは綿密にチェックされ、小さな瑕疵があれば、ふるい落とします。この熱い製造工程（「ホットテクニック」）を経て、次に「コールドテクニック」と呼ばれる工程、すなわちガラスの装飾へと進みます。

2.

3.

4.

5.

1. クリスタル　小さなチェリーのブランデー漬のためのクープ、20世紀。

2. ワイン用カット装飾のクリスタルグラス、19世紀。

3. シャンパン用クープ、カット装飾、クリスタル製、1930年代。

4. 型押しガラスの器とシャンパン用クープ、カット装飾、クリスタル、19世紀。

カットガラス

カットは、ガラス装飾における最も古い技法のひとつです。カットを施すことで光を吸収し、より屈折度を高めます。カットによって無数の光が煌めいているような印象を受けます。

カット職人は、グラインダーや軽石、砂岩やカーボランダムなどを用いて、小さな板に描かれたデッサンに忠実に、ガラスの表面を彫っていきます。この方法で、平らなリブ※1や、くぼみ、縦溝のリブ、ダイヤモンドポイント彫り※2、メダイヨン、パール模様、オリーブ模様、編模様、縞模様、ひし形、フェストーン（花綱装飾）、ひだ模様に到るまで、すべての種類の文様が施されています。カット装飾を施された後のガラスは、機械によって円盤コルクで研磨にかけられたり、酸に浸されたりして、表面のざらつきはなくなり、滑らかになっていきます。

グラヴィール・ガラス

冷えてから行うグラヴィールは「au sable（砂で）」と言われ、砂を吹き付ける方法でガラスの表面に装飾を施します。ポショワールの技法により、模様として残る部分だけが削り取られるのです。また1860年頃、化学によるアシッド・エッチング技法が開発されました。さらに、水に浸された銅のホイールやグラインダーを使うエングレーヴィングも行われるようになりました。グラヴィールのスペシャリストは、花、フリーズ装飾、風俗画、神話、幾何学模様、曲線模様、モノグラム、紋章などあらゆる種類の装飾を彫ることができるのです。

色つきガラス

ガラスに色をつけるには、2種類の方法があります。一つは、加熱時に塊の中に、金属酸化物を加えることによって作られます。クリスタル熔解時に酸化イオンの存在により、着色がおこります（コバルト酸化物はブルーに、クロム酸化物はグリーンに、錫酸化物は白に、ニッケル酸化物と炭酸カリウムは緋色に、銅酸化物はトルコブルーに、銅酸化物と金の塩化物はルビー色になるのです）。

ガラスの色は、熔解中に混ざって溶け出るものではなく、冷却中に細かい粒子が作られることによっておこる鉱物の構成によってもできると言われています。この場合、回折によって非常に贅沢な色が出ます。金によるルビー色、銅による赤、銀による黄色、セレニウムによるピンクなどです。こういったタイプの色ガラスは、1830年頃から大流行しました。1837年から1845年の間、サン・ルイはレース細工の技術を見出し、これまでになかった雪花石膏やアヴェンチュリンガラスを生産し、さらにはオパリンクリスタルを完成させたのです。オパリンはやがて19世紀を通して、すべての名だたるガラスメーカーで生産することになりました。

被せクリスタル

被せクリスタルは、ボヘミアが得意としていたものでした。あらかじめ作られたデザインに添って、熱いうちに二層のクリスタルを被せるもので、一層は無色、もう一層は色のついたクリスタルです。三層や、それ以上の被せクリスタルもありました。この技法は、ドイツ人が「レーマー」と呼んだ、ライン川流域ワイン用のグラスにも見られます。このタイプのグラスは、14世紀から存在し、最初はカボション装飾された大振りのゴブレに見られました。19世紀には、太い中空の脚に見られ、20世紀になると高さが高くなります。被せガラスによく使われる色はブルー、赤、ピスタチオ色で、カット、レース、ホイール・エングレーヴィングによる装飾が施されています。より珍しい色調として、琥珀色や赤褐色のものもあります。アルザスワインのグラスはステム部分が高く、小さなボウルですが、ほとんどが被せクリスタルでできています。

エナメル彩のガラス

エナメル彩による絵付けは12世紀から14世紀のイスラム美術の技法で、オスマン帝国やダマスカスやがてルネサンス期におけるヴェネツィアで非常に多く登場します。ガラスにエナメルを手彩で施し、450度くらいで再加熱します。エナメル装飾は、非常に脆く取れやすいため、中には再加熱するとエナメルが取れてしまうものもあります。

※1：バカラのベストセラーである「アルクール」は、この最も美しい例のひとつ。
※2：中でもサン・ルイの「トリアノン」は、平らなリブやダイヤモンドポイントと非常に調和するとされる。

1.

2.

3.

4.

5.

1. 被せクリスタル。エナメル彩、ボヘミア。
2. 型押しグラス。金彩エナメル、ボヘミア、19世紀。
3. 型押しグラス。金とエナメル彩、ボヘミア、1850年。
4. 脚付きカラークリスタルグラス。ルイ・フィリップ時代。
5. ルビーグラス。ボヘミア、1860年。
6. カット装飾のクープ一式。クリスタル、フラットとらせん模様。
7. リキュールセット、カット装飾のクリスタル、ダイヤモンドポイント彫り。グラヴィールと金彩、19世紀。

P.130-131
1. 白ワイン用グラス、カット装飾のカラークリスタル。
2. 脚付きグラス、クリスタル、曲線模様。バイエル製造所、19世紀。
3. ドイツのグラス、植物と紋章がふんだんにグラヴィール装飾されている。17世紀。
4. グラヴィール装飾のグラス、やや色つき。城を表現、19世紀。
5. ワイン用グラスとオレンジエード用グラス。カット装飾のクリスタル、20世紀初頭。

金彩ガラス

クリスタルガラスに金彩を施す装飾は、高級なサービス用として1880年頃から見られるようになりました。筆でガラスに細く、貴重な金彩を施し、約500度くらいの温度で熔解します。窯から出すと、金彩部分がくすんだ艶のない状態になっているので、これに輝きを出すため、赤鉄鉱石で磨きます。

コレクターの方々へ

クリスタルガラスの現行品の値段は、全く同じモデルの場合、古いものよりも高価です。赤ワイングラスと水用のグラスは、あまり使われない白ワイン用グラスやポルト用、リキュール用グラスに比べると、人気が高くなっています。
非常に深いサイズのグラスは、19世紀末から20世紀初めにかけて作られたものであることを示します。
クリスタルで最も値段が高いのは、ルイ・フィリップ時代のものです。
ガラスの状態をよく確かめてみましょう。調和のとれたプロポーションか、輝いていない部分はないかどうか。
もしもガラスのエナメル彩が取れかけていたら、そのガラスは価値を大きく失います。

お手入れ方法

クリスタルのガラスは、注意すれば食器洗浄機で洗うことができます。まず、銀製品や陶磁器と混ぜて洗ってはいけません。そしてガラス洗浄の専用モードを選択し、ソフト洗剤を使用します。
普通のガラスを他の食器類と混ぜて洗うのはさけましょう。長い時間を経ると、くすみが出てくるのです。(洗剤によっては水と混じることで、理想的な質ではなくなるため)手でグラスを洗った後は、表面をそのままにしておいてはいけません。

割れたガラスをくっつける方法

糊をつける側の破片をサンドペーパーでこすってすべすべにします。熱湯の中に1分ほどガラスの破片を浸して温めます。素早く水滴を拭き取り、1種類のシアノアクリレート糊を塗って、もう一方の側と合体させます。

折れてしまったステムの修復

プロの業者に依頼することをおすすめしますが、自分で直したい場合の方法もお教えしましょう。両パーツとも、洗い、乾かします。清潔な布巾の上に、ボウルをかぶせるように置きます。その上にステムをはめ合わせます。両パーツを一緒に、分厚めのタルトの生地を用いて固定し、ステムの部分を支えます。ボウルの側に防水用合成糊を塗ります(糊が垂れないように、その場合はすぐマッチ棒で拭き取ってください)。24時間そのままで置きます。

小さなチップの修復

チップのある表面を、粒子が中間サイズの研磨紙を鉛筆に巻きつけて磨きます。もしチップがかなり大きいものの場合は、プロに依頼した方がよいでしょう。

くっついた2つのガラスを離す方法

小さい方のガラスをお湯の中に浸し、大きい方のガラスにお水を注ぎます。ゆっくりと離してください。

6.

7.

1.

2.

Les verres Art déco
アール・デコのガラス

まっすぐなライン、シンプルなフォルム、遠慮がちな装飾、アール・デコのガラスは驚くべきモダンなデザインで、現代の食器や銀器と完全にマッチしています。

シンプルさのセンス

1925年の国際博覧会・アール・デコ博では、ガラス作家たちは、装飾を犠牲にしてフォルムの美しさを優先する姿勢を示しました。装飾の代わりに素材の美しさを、色の代わりに透明さを好んだのです

ジャン・リュスは1888年に父親のメゾンを継ぎ、1931年に自ら会社を設立しました。いくつかの製造所のための磁器の食器セットを何種類かデザインし、その中にはセーヴルも含まれていました。彼ははじめてガラスを、陶磁器、銀器、リネン類などと組み合わせようと考えたのです。豪華客船ノルマンディ号のために、磁器とクリスタルのいくつかの食器セットを考案し、またサン・ルイ社のために「Hossegor オスゴール」「Eva エヴァ」といったアール・デコの代表的な食器セットを制作しました。サン・ルイ社はこのモダニストの運動に反応し、他のアーティストにも声をかけるようになります。イタリアのガラス職人の家系出身のジェン・サラ、モーリス・デュフレン、マルセル・グッピ、マックス・イングランドなどです。

一方でバカラ社も、偉大なアーティスト、ジョルジュ・シュヴァリエを起用します。彼は円錐形、あるいはやや開いたチューリップ型の澄んだ超軽量ガラス「ムスリーン」を考案しました。またヨットを所有する富裕層のために、脚がなく、台座が大きく厚い、安定したグラスを制作します。「噴水」という名の食器セットは、簡素でありながら調和のとれたモデルです。アシッドエッチングによる装飾は噴水が様式化されており、ステムとフットの部分は、つや消し装飾で型取った花模様が装飾されています。

ラリックの時代

しかしこの時代の最も注目すべき人物は、ルネ・ラリックでしょう。彼が最初にガラスやクリスタルを手がけたのは、1890年のことで、このときはまだジュエリーデザイナーでした。1902年、クール・ラ・レーヌ・ホテルのために、型押しガラスのパネルを制作します。1906年に、フランソワ・コティに香水瓶の制作を依頼され、自らの工房をオープンする前、サン＝ドニにあるルグラ社で制作にあたりました。1911年、ついにラリックはジュエリーデザイナーを辞め、ガラスの制作に集中します。過度な色づかいに反発し、透明ガラスと光沢ガラスのコントラストを楽しむような作品を考えていました。やがて彼は「半クリスタル」という、とても硬く、輝きや透明度は従来のクリスタル並みのガラスを発明します。ラリックのガラスはシンプルな構成で、ラインは洗練されています。花瓶、装飾パネルなどの製造方法を取り入れ、多くの食卓用食器セットを創り、ノルマンディ号のグラン・リュクスと呼ばれるスイートルーム級の客室のためのガラス製品を納入していました。一方でドームは、同じく豪華客船ノルマンディ号のための10万ピースもの注文に応じるために、1934年、クリスタル製造を開始しました。しかしながらドーム社は、アール・ヌーヴォーの最前線として、飲み物用のグラスよりは装飾ピースを専門とする姿勢でした。

ショワジー＝ル＝ロワのシモネ、ヴァル・サン＝ランベールのマルセル・グッピやパンタン、クリシー、セーヴルなどもまた美しいアール・デコのガラス製品を制作しました。

コレクターの方々へ

ラリックの製品は必ずサインが入っています。ジャン・リュスの作品はマーケットでは非常に稀です。サン・ルイやバカラでは、いくつかのモデルは現在でも常に製造され続けています。

3.

1. オレンジエード用グラスの部分、クリスタル・ラリック社、1920-1930。
＊ラリック社の製品には常にサインが入っています。

2. 食器セット「ニッポン」のグラス、クリスタル・ラリック社、20世紀。

3. ブロカントでは、アール・デコのガラスでサインのないものは多く見つかります。このモデルはサン・ルイ社。

LES VERRES　ガラス　135

Verres de bistrot
ビストロ用のグラス

クリスタル製グラスの派手な外観とは裏腹に、ビストロ用のグラスは、食卓を飾り立てることはありません。ちょっと時代遅れなビストロの、気さくな雰囲気が家の中にやってきたようです。

アブサン用グラス

アブサン（アプサント）、別名「緑のミューズ」は、ニガヨモギ、アニス、ウイキョウのエキスを抽出して、アルコールで割ったもので、一般に広く広まる以前は、薬局で販売されていました。最初の蒸留酒工場はペルノー・フィスによってドゥ県[※1]に作られました。アブサン酒は、1915年3月6日に、人々を狂わせ、看過ないという口実で蒸留が禁止されるまでは、かなりの猛威をふるっていました。アブサン用のグラスは脚付きで、円錐形のフォルムをした、かなり分厚いガラスです。小さな専用の穴の空いたスプーンがついており、スプーンをグラスの上におき、その上に砂糖を載せて水を注ぐと、溶けてアブサン酒に落ちていきます。

マルティニ用グラス

脚付きの円錐形の、分厚いグラスです。

ショットグラス

少量用の脚付きのグラスですが、何倍飲んでも構いません……。

ビール用ジョッキ、ビール用グラス

ジョッキは主にフランスの東部および北部で作られ、蓋がついています。ビールをぬるい状態で飲むのに、ちょうどよい温度を保つためのものです。中世の頃はとても細密に作られ、装飾がふんだんに施されていました。16世紀から、円筒形に錫の蓋つきの形で広まっていきました。フランスの東部では、ストラスブールのHannongアノンなどで磁器製のジョッキも製造されていました。19世紀から、ビールを高さのある厚いグラスでも飲むようになり、何十年と経つにつれ、グラスは各ビールのタイプに合わせたものになっていったのです。チューリップ型のグラスは泡の立つビール用に、脚付きのクープはベルギービール用に、球形や円筒形グラスは普通のビール用に……しかしビール醸造業者も自らの宣伝用グラスを製造し、ビストロに取り入れられています。

リモナード[※2]用グラス

この分厚いゴブレは円錐台状で、大きな水玉模様、ひし形、縞模様などのカット装飾がされています。フランス南部からやって来たものです。

「ドロボー」グラス

またの名を「偽善者」「パトロンのグラス」と言います。このグラスでお客さんと乾杯し、少ない量のアルコールで済むからです。グラスの底は非常に分厚く、ガラスで埋まっています。その分だけ量が少なくなるのです。

※1：フランス東部。※2：レモンソーダ水。

2.

1. シードルまたはリモナード用のグラス。さまざまなモチーフ、型押しガラス。
2. ボヘミア・クリスタルのビール用ポット3点。フレームは錫、19世紀。

| LES VERRES　ガラス

1.

1. アブサンを飲む人、カフェにて。エドガー・ドガの有名な油彩画。1875-76、オルセー美術館。

2.「ドロボー」グラスまたは「パトロン」グラスと呼ばれる、ビストログラス。

3. リキュール用グラス、19世紀。

4. 脚付きリキュールグラス。

5. ざまざまなモデルの「ドロボー」グラス。

マザグラン、コーヒー用グラス、ブリュロ

マザグランは、アルジェリアの街の名前から来ており、アブド・アルカーディル率いる1万4千兵の軍の攻撃に、ルリエーヴル大尉率いるフランスの123部隊が耐え抜いた場所でした。勇敢な兵士たちは、砂糖とブランデーを注いで飲む煮えたきるコーヒーのおかげで、戦いに耐えられました。この戦闘を記念して、ブルジュ製造所で、非常に大きな、分厚い磁器のグラスを作り、「マザグラン」と名付けました。
ビストロでは、コーヒーは温かい温度を保つように分厚いグラスでサーヴィスされることが多いです。Viandox ヴィヤンドックス※1のような温かい飲み物も、このタイプのカップで飲まれることが多いです。

湯治用のグラス

面白いグラスの一つに、湯治用グラスがあります。19世紀末の1875年頃から、湯治が流行するようになり、利用者には湯治用グラスが手渡されました。小さな藤のフタつきのグラスには、湯治街の地名が彫られており、このグラスを肩から斜めにかけたり、ベルトにつけたりして使用しました。

コレクターの方々へ

とても愛らしい、古いビストログラスは、珍しくなりつつあり、値段も上がっています。かわいいモデルのものを見つけたら、すぐ買っておきましょう。考えるよりもまずは、買ってしまった方がいいですよ。

※1：アルコールの入っていないグロッグ。

4.

Les verres pressés-moulés
鋳造プレスガラス

魅惑的な色、ややずっしりとした重み、値段はすべての人にとってお手頃なこれらのガラスは、カット装飾クリスタルと似ていますが、機械で大量生産されたものです。その装飾性を存分に楽しむことができます。

カット装飾の歴史

カット装飾は長年にわたり最も評価されてきた技法の一つでした。とりわけ19世紀初頭や19世紀末には大変な人気となり、バカラのようなクリスタルメーカーでは、装飾をふんだんに施した重厚なカットガラスが作られていました。やがて、鋳造プレスガラスの技法が発明され、そっくりなイミテーションが、安価に制作できるようになったのです。

このガラスは、熔解したガラス種を、あらかじめ細密に装飾された凹のある型の中に流し込み、凸型の型を強く押し付けて制作します。型から外された製品は、内側は滑らかで外側にはカット装飾が出来上がるのです。

この技法は1820年の段階でボストン近郊のNew England Glass Co.社にて開発されました。やがてライバル社であった、マサチューセッツのBoston & Sandwich Glass Co de Cape Cod社が追随し、同社にはヨーロッパからのガラス職人が、多く移住してきました。この製品が大量生産されたため、「sandwich glass」という名が、アメリカにおける鋳造ガラスを意味するようになったのです。

この技法の開発によりボウルや皿、花瓶、クープ、小皿、果物用の器、コンポート鉢、ジャム瓶、キャンドルスタンドなどのさまざまな印象的な製品が生産されました。これらには平らなリブに星、ダイヤモンド、斜め、格子縞などの、まるでハンドメードのようなカットが施されています。また、ブルーコバルト、グリーン、琥珀色、トルコブルーなどの色の美しい色がつけれらました。

1830年頃には、鋳造プレスガラスの技法はヨーロッパにも伝わり、バカラやサン・ルイのようなグランドメゾンでも用いるようになりました。

コレクターの方々へ

色つきの水用グラス、ゴブレ、キャンドルスティックは、テーブルに装飾を与えてくれます。たとえ重くて、ときに装飾過多ですべての人の好みには合わないとしても。値段は常に上がっているとはいえ、まだまだリーズナブルな価格で見つけることは可能です。

機械で作られた鋳造プレスガラスは、ハンドメードで施されたカットガラスに比べて、とても均整がとれています。

鋳造プレスガラスは、型をつけたことを表す跡が縦の線で入っています。

5.

6.

1. 鋳造プレスガラスのクープ、イタリア製。

2. ボンボンニエール、20世紀初め。

3, 5. 鋳造プレスガラスのキャンドルスティックと、クープ。19世紀。

4. さまざまなモデルの鋳造プレスのグラス。

6. 常夜灯、19世紀。

ACCESSOIRES
ET ORNEMENTS DE TABLE

食卓の装飾品

夜、キャンドルで食卓を照らすとしましょう。偉大なるルイ14世時代のジランドールをペアで、また不揃いなフランボーを何本か、あるいは小さなブジョワールか、それとも食卓のあちこちにフォトフォール※1を置きましょうか……。

飾り付けはどうしましょう。個々のコップに花束を活けましょうか。それとも大きな脚付きの鉢に果物をいっぱいに盛り付けて、食卓の中央に配しましょうか……。

そして塩入れ、胡椒入れ、マスタード入れの愛らしいトリオは必要不可欠です。なぜなら、このトリオは職人たちの想像力を刺激してきたものだから。さらに多彩なヴァリエーションの一例として、大皿の下に敷くマットや、カラフのコースターなどもあります。小さなアクセサリーたちも忘れないようにしましょう。メニュー立てやネームカード立て、ナイフレスト、などなど……。

食卓を飾る装飾品の領域は広大です。これこそ、楽しみながら自己表現をし、独創性を発揮することができる場だといえるでしょう。あふれるほどの品々の中から素材や様式、時代をミックスし、外国製のものも取り入れることができます。あらゆるものを融合したとしても、何かしらの伝統は残りますし、それは素敵なことなのです。

※1：装飾的な容器に入れたキャンドル。

ACCESSOIRES ET ORNEMENTS DE TABLE　食卓の装飾品

Flambeaux et candélabres
フランボーとカンデラブル

キャンドルの明かり無しに、ディナーの名にふさわしい食卓は成立しません。キャンドルは銀製品やクリスタルをきらめかせ、料理をおいしそうに演出し、会食者の瞳を輝かせます。近年は特にフォトフォールが流行していますが、古いフランボーやキャンドルスタンドの良品も、素材の美しさ、装飾の精巧さ、細工の完璧さ、形の優雅さから、高い人気があります。

ブジョワールか、ジランドールか

「燭台」とは、キャンドルを収めて支える全てのものを指す総称的な言葉です。キャンドルを立てる部分で、取り外せるビネは、そのもっとも単純な形態で、「フランボー」というのは、ビネが1つだけのキャンドルスタンドです。17世紀以降に一般的になったこのキャンドルスタンドは、垂直な棒の形で、持つところが無く、円形か多角形の脚部の上に載っていました。「カンデラブル」は、枝が複数あるキャンドルスタンドのことで、「ジランドール」は、支柱の部分が人の像になっているカンデラブルのことです。ジランドールはまた、カット装飾のクリスタルのドロップ（吊り下げ飾り）で飾られたカンデラブルのことも意味しました。「ブジョワール」とは持ち運びのできるキャンドルスタンドを指し、一般的に小振りで、多くは把手が付いていました。

18世紀：形の発明

中世の時代、シャンデル（獣脂のロウソク）の発明とともにフランボーが登場します。その時まで「フランボー」と言う言葉は街路を照らす松明（たいまつ）を意味しました。17世紀の初めには既に、フランボーは現在私たちが知っている形（支柱と脚部から成り、支柱は溝彫りが施され断面が正方形でかなり短いものか、バラスター形のもので、大きめの脚部は正方形かその四隅が落とされている）をしていました。
17世紀末、フランス人は純銀製のフラン

ボーを鋳造で作る技術を導入するようになります。脚部と支柱は別々に鋳造された後、熔接で接合されますが、まれにネジ留めされたものもありました。やがて、装飾家の出番になります。18世紀には、ムスティエ、ルーアン、サン＝クルー、セーヴルのファイアンス窯や磁器窯もフランボーを製造しました。その形は銀器の影響を受けたもので、装飾はそれぞれの様式に応じて施されました。18世紀全般を通じて、形は進化していきます。その後に登場したのは枝が2本のカンデラブルで、次いで枝は多数になり、凝った装飾が施されるようになります。これら高名な金銀細工師たちが、身分の高い人々の食卓のために作ったものでしたが、豪華なシュルトゥ※1の中では取るに足らないアイテムに過ぎませんでした。想像力と仕上がりの完璧さはルイ15世時代になって際立ち、燃え立つようなロカイユ様式が、渦を巻く枝と左右非対称な装飾の上で戯れていきました。
18世紀末のルイ16世時代になると、余分な装飾を排した新古典主義様式に回帰することで、形も装飾も穏やかになっていきます。カンデラブルが祝宴の食卓をたくさんの炎で照らす一方、フランボーは2本ペアで作られ、暖炉の上に、置き時計をはさんで飾られるようになったのです。銀、ブロンズ、あるいは銀めっきで作られたフランボーは、脚部、支柱、ビネの3つの部分で構成され、それぞれネジ留めされていました。

2.

P.140　純銀製のナイフレストのシリーズ。19世紀末。

P.141　塩入れの3つのモデル。1930年。

1. カット装飾のクリスタルの枝が2本のカンデラブル。1925年頃。

2. 銀めっき製のルイ15世様式のカンデラブル。クリストフルのシリーズ。

※1：食卓の中央に置かれる飾り物。主に王族や貴族が食卓で使用する食器や調味料、スパイス類を入れた皿付きの金属製の飾り台で、テーブル中央に置かれていた。その後、砂糖やお菓子そして果物の器として用いられるようになる。

1, 3, 4. ルイ15世様式のカンデラブルのモデル。

2. ルイ16世様式のカンデラブル。

5. カルデヤックによる、クリストフルのためにデザインした、枝が4本のカンデラブル。1925-30年。

6. 鋳造ガラスとクリスタルの燭台のシリーズ。19世紀末と20世紀初頭。

7. マーキュリー（メルキュール）ガラスのキャンドルスタンドのシリーズ。19-20世紀。

8. フランスとイギリスのフランボーのシリーズ。純銀製。18世紀。

19世紀：派手好み

アンピール期には、オディオのような金銀細工の巨匠は古代文明の影響を受け、箙形（えびら）やバラスター形が多用されました。銀製品は、金彩を施したブロンズやヴェルメイユに道を譲ることになります。電気めっきによる銀めっき法が発明されると、派手好みな第二帝政期の人々は、ボワン＝タピュレやクリストフルといった名店の制作する、ルイ14世様式やルイ15世様式に影響を受けた装飾用の大型のカンデラブルを愛用しました。一方、サン・ルイやバカラのようなクリスタルのメーカーは、房状のドロップをふんだんにあしらった巨大なジランドールを製作し、それらは個人の邸宅や宮殿を飾るようになります。

珍しいもの

ゴブ・ムーシュ（食虫植物）、またはアミュゾワールとは、蠅を捕まえられるガラス製のキャンドルスタンドのことです。水を満たした容器が内蔵されているため、光に引き寄せられた蠅が溺れるような仕組みになっています。またエテニョワールは、キャンドルを消す道具で、金属製の棹の先端に小さなかさが付いています。ムシェットは、キャンドルの芯の炭化した部分を切り取るためのはさみです。切り取った芯は、小さな箱に収めて保管しました。

コレクターの方々へ

フランス革命以前のフランボーやカンデラブルで、熔融令を免れたものは稀少です。それらは一般にペアで売られており、揃っているものはきわめて高価です。銀製のキャンドルスタンドはたくさんのパーツでできているため、それぞれに同じ刻印があるかどうかを確かめる必要があります。上部のパーツは、支柱に正確に差し込まれていなければなりません。ロウの受け皿が元から付いていたものかどうか、そして全ての枝が無傷かどうかも確かめてください。枝の修理はとても難しいからです。

古いキャンドルスタンドを19世紀に銀めっき製品でコピーした物が、市場にはたくさん出回っており、それらの多くはまだ手の届く値段です。中でも1830年頃に特にプロヴァンス地方で作られた、脚部が吹きガラスでできたオイルランプは、とても素敵なキャンドルスタンドになります。

5.

1.

ACCESSOIRES ET ORNEMENTS DE TABLE 食卓の装飾品 | 147

Les centres de table
食卓のセンターピース

何世紀もの間、食卓のセンターピースはとても重要な地位を占めてきました。18世紀には、それは高価な品『カドゥナ』であり、19世紀には巨大な作りの『シュルトゥ』と呼ばれるものでした。1925年以降は、その規模は控え目になり、現代では食卓の中央には、各人の趣味や想像力に応じた品が置かれています。

ネフとカドゥナ

センターピースの祖先は「ネフ」※1と「カドゥナ」※2です。中世から16世紀の終わりにかけて、王の食卓でもっとも目を引く品はカドゥナでした。それは貴金属でできた食器箱で、毒殺を防ぐために南京錠（カドゥナ）で施錠できるようになっていたのです。そこには、さまざまな解毒剤とともに、王が使うカトラリーとナプキン、そして当時はきわめて貴重だった香辛料と塩、砂糖がそれぞれ入った小皿が収められていました。これらの小皿は、多くは船（ネフ）の形をした容器に入れて食卓に出されていたため、「ネフ」と呼ばれたのです。もっとも有名なネフは、ジャン・グラヴェがシャルル・ブランのデザインに基づいてルイ14世のために製作したものです。

シュルトゥからプレザントワールへ

シュルトゥという語が初めて文献に記されたのは、1692年、シャルトル公の婚礼の祝宴に際してのことです。それは金銀細工でできた、塩入れ、香辛料の入った箱、オイル、酢の容器、砂糖入れ、さらに花瓶、フランボーあるいはジランドールを食卓の中央にまとめたものでした。18世紀を通じて、この並外れた品は食器とともに、もっとも偉大な金銀細工師たち（ルイ14世の贈呈品にはドローネーの署名があります）によって、ヨーロッパ各国の宮廷や貴族のもとに献上されたのです。

19世紀になると、食事の間ずっと卓上に置かれているシュルトゥは、実用的な機能を失って食卓の装飾になります。それはしばしば、テーブルの長さ全体に広がる一式でした。狩や風俗、神話の場面が表現されたり、あるいは凝った構成でいくつもの彫刻されたパーツで作り上げられたりし、それらが湖に見立てた鏡で覆われた大皿の上におかれることもありました。素材は、金銀細工、クリスタル、ビスキュイ（素焼き）、磁器などです。しかし、こうした大掛かりな一連の装飾は王政復古期以降は減り、代わって「デザートの食器セット」、つまり一揃いの果物鉢が現れます。それらは凝った細工を施されたクリスタル製で、さまざまな高さの金属製の脚の上に載っているものです。脚の部分には童子や動物の姿や装飾モティーフが精緻な彫刻で表現され、その上にクリスタル製の高さのある円錐形の容器が乗せられ、果物かお菓子がいっぱいに盛られていました。この果物鉢セットには、トレーが何層か備わったプレザントワール、つまりオードヴル・スタンドとコルベイユ、カンデラブルがセットになっており、一連の品はクリストフルのような名店が大量生産したものでした。しかし、人々の想像力はとどまるところを知りません。「透明なガラスの鉢に水を満たし、金魚や小さな亀を泳がせる。これこそが現代の美意識なのです」という記述が、19世紀末のあるマナーの本に見られます。やがて20世紀にはこうした豪華さは忘れさられ、より控え目な装飾が好まれるようになります。花を活けたシンプルな鉢と、洗練されたフランボーのように。

コレクターの方々へ

立派なシュルトゥ全体は、専門的な愛好家の関心しか引かないでしょう。しかしながら、古いシュルトゥから「ばらばらにされた品」が見つかることは珍しくありません。クリスタル製の脚付きの鉢やビスキュイの小像、磁器でできた人物像、銀めっき製のコルベイユなどです。

2.

3.

4.

1. 独創的な食卓の装飾になった、硬質磁器製のメディチ家風の小さな花瓶。

2. カット装飾のクリスタル製の円錐形の容器と4枚の皿が付いたセンターピース。

3. 童子とブドウの木があしらわれた背の高いコルベイユ。

4. 銀めっき製の台に乗った、カット装飾のクリスタル製の果物鉢。

※1：P.10参照。※2：カドゥナとは南京錠の意味で、テーブルアートの世界では金属でできた食器箱を指す。毒殺を防ぐために南京錠（カドゥナ）で施錠できるようになっていたため、カドゥナと呼ばれるようになる。さまざまな解毒剤とともに、王が使うカトラリーとナプキン、香辛料と塩、砂糖がそれぞれ入った小皿が収められている。

ACCESSOIRES ET ORNEMENTS DE TABLE 食卓の装飾品 149

～ Les accessoires individuels ～
個人用のアクセサリー

愛らしい食器を並べるのに、美しすぎるということはありません。少し流行遅れであっても魅力的な品々は、私たちの食卓を個性的に彩ってくれます。

メニュー立てとメニュー

19世紀、都会におけるディナーの場では、会食者1人1人の前にメニューカードを提示するのが習慣になっていました。メニューカードは、クリップが付いた小さな台に垂直に立てられるか、金属製の枠ではさんで置かれます。この小さな品は大量生産品で、錫やガラス、真鍮、磁器などでできているものです。また、しばしば会食者の名前を記したカードのための、ネームカード立てと組み合わされていました。

メニューカード自体も入念な注意が払われた品でした。和紙か羊皮紙、あるいは幅の広いサテンのカラーリボンの上に、ペンか水彩で風景や花々、人物が描かれ、大きなグラスに入れられていました。

ナイフレスト

ナイフレストが現れたのは19世紀後半のことです。それはブルジョワ階級の発明品で、料理が変わっても同じカトラリーを使うことができ、テーブルクロスを毎回替えなくてもすむようにしてくれる物でした。ファイアンスや磁器、クリスタルでできた長方形のものや、銀めっき製の細い棒の両端に球やリング、鉤爪などが付いたもの、あるいは犬、魚、鳥といった動物の形をした、独創性に富んだ品々などがありました。たとえばジャン・ド・ラ・フォンテーヌ※1の『ファーブル（寓話）』に登場する動物たちが、バンジャマン・ラビエ※2の世界のようにナイフレストに登場し、さまざまなヴァリエーションが楽しめます。

ナプキンリング

ナイフレスト同様19世紀に登場したナプキンリングは、各人のナプキンの目印になったため、同じナプキンを、複数回の食事に使うことができるようになりました。これは客用の品ではなく、むしろ家庭での使用が想定されたアイテムでした。

ナプキンリングは、よく出産のお祝いに金属製のタンバルとコクティエと一緒に贈られました。こうしたセットではナプキンリングも他の品々とともに純銀や銀めっき、ニッケルを施した銅、アルミニウムなどで作られました。また象牙、角、陶磁器、木、さらには柔らかいセルロイドで作られたものもありました。また、個人的に使用する品のため、表面にファーストネームやイニシャルを施すのが一般的でした。

フィンガーボウル

フィンガーボウルは1760年頃、貝や甲殻類を食す習慣とともに登場したものです。通常は、不透明なクリスタルガラスで作られたボウルで、小さなトレイに乗っていました。19世紀になると、口すすぎのセットが、一緒に使われるようになります。口すすぎのセットは、受け皿に乗ったクリスタルの小皿と、ミント酒かレモンで香りをつけた水が入ったゴブレで構成されていました。ゴブレの水を少し口に含み、ボウルの中にそっと吐き出すのです。20世紀初頭のマナーの本には以下のように書かれています。「多くの家庭では、テーブルクロス上、会食者の右側に、殺菌されたガチョウの羽でできた爪楊枝が置かれており、爪楊枝はシルクペーパーで包みます。なお、食事の終わりにこのような身づくろいをすることが魅力的ではないため、ご婦人たちには爪楊枝を使うことをお勧めしません。ボウルから口すすぎに使うゴブレが無くなったのは、同じ理由からです」こうして、フィンガーボウルが無くてはならないものになりました。

5.

コレクターの方々へ

家庭の食事では布のナプキンよりも紙が使われる傾向にあるため、ナプキンリングが使われる機会もどんどん減っています。お値段も控え目なこの愛らしい品は、お友だちとのディナーのテーブルにぴったりです。

---

1. 銀めっき製のナイフレスト。1940-50年。
2. お土産品のナプキンリング。1920年代。
3. 小さなスコップの形のナイフレスト。1950年代。
4. 磁器製のナイフレスト。1930年代。
5. クリストフルの1913年のカタログに掲載されているナイフレストのシリーズ。モデルによって価格は異なり、当時の価格で12個あたり16.5フランから42フランまである。

※1：1621-1695 17世紀のフランスの詩人。イソップ寓話を基にした寓話詩で知られる。
※2：1864-1939 フランスのイラストレーター、漫画家。動物のイラストで有名。

ACCESSOIRES ET ORNEMENTS DE TABLE　食卓の装飾品

2.

~ Salières, moutardiers et huiliers ~
塩入れ、マスタードやオイルの容器

塩と胡椒のコンビはセットで食卓に置かれ、マスタードは専用の小さな壺に、オイルと酢は凝った瓶の中に入れられます。これらの調味料は何世代にも渡って、私たちの食事になじんできたものです。大切な調味料のための容器は、最高に美しいものを用意しましょう。

3.

塩入れ

中世において、肉や野菜を確実に保存してくれる塩は稀少かつ高価な食品で、塩税という税金が課されていました。塩はまた、象徴的かつ宗教的な価値も帯びていました。つまり神とその民の契約を表していたのです。そのため、高い地位にある者が、塩をありきたりの容器で保存するなど考えられないことでした。塩入れは金で作られて宝石をはめ込まれ、シンボルで飾られた豪華な品だったのです。

16世紀以降、塩入れは神聖な品ではなくなり、宗教ではまた、自らの起源に結びついた装飾をまとうようになりました。神々と海のシンボルである魚などです。この発想は、ロカイユ様式において最高潮に達します。塩は海の生き物を連想させる貝殻の形の小皿に入れられました。もっとも有名な作例は、トマ・ジェルマンが《オルレアン＝パンティエーヴル》と呼ばれる食器セットの一部として作ったもので、蟹、亀、帆立貝が彫刻されているものです。マリー＝アントワネットは、透かし彫りを施した銀の台の中にはめ込まれた、青いクリスタル製の塩入れとマスタード入れを流行させました。19世紀には、《セレボス》あるいは《プードリエ（粉入れ）》と呼ばれた塩入れが登場します。これはクリスタル製で、装飾がないか溝彫りになっている、現在でもおなじみ

の小さな容器で、上部には穴を開けられた金属製の蓋がネジで留められていました。

4.

胡椒入れ

18世紀以降、塩と胡椒は「ペアの容器」に入れられて、一緒に登場することになります。これは同じ形に作られた2つの銀製かガラス製の容器で、銀でできた台に差し込まれていました。クリスタルか銀でできた、卓上用の胡椒ひき（ミル）が登場するのは19世紀末になってからのことです。香辛料は、17世紀まではとても人気がありましたが、その後はあまり好まれなくなります。ただ、クローヴとナツメグ、シナモンだけは「エピシエール（香辛料入れ）」という、内部がいくつかに仕切られた容器に入れられて、食卓に置かれていました。

5.

マスタード入れ

マスタードは13世紀から知られていました。18世紀になると、マスタードは子どもが手押し車に乗せた小さな樽に入れて運び、街中で売られるようになります。1752年頃に初めて登場した、食卓用のマスタード入れが小さな樽の形をしていたのはこのためです。有名な作例は、ポンパドゥール侯爵夫人が所有していた、金銀細工師アントワーヌ＝セバスティアン・デュランの署名がある、銀製のペアのマスタード入れで

1. クリスタルと銀めっき製のオイル入れスタンド。

2. 銀めっき製の胡椒入れのシリーズ。

3. 磁器製の塩入れと胡椒入れ。1930年代。

4. 純銀製のパウダー型容器。ケレールの署名入り。19世紀。

5. 海辺の街の土産物用の塩と胡椒入れ。

1.

2.

1. オイル入れセットのシリーズ。台は銀めっき製、瓶はカット装飾のクリスタル製。

2. 3点セットの塩入れと調味料のメナジェール。銀めっきとカット装飾のクリスタル製。

3. スプーンのための切り込みがある、カット・ガラス製のマスタード入れ。19世紀末。

4. 円筒形で3本脚の胡椒入れのデザイン。1889年。

5. ちょうつがい式の蓋がついた、洋梨形のマスタード入れのデザイン。1898年。

6. カット装飾のクリスタル製のオイルと酢の容器。18世紀末。

す。手押し車に乗せた樽を運ぶアモール（キューピッド）と、その傍らの後脚で立ち上がったグレーハウンド犬が繊細に彫り出されているものです。

19世紀には、マスタード入れはマリー＝アントワネットの時代のように、入念な細工を施された銀製の枠にはめ込まれた、透明か濃い青のクリスタルでできた小さなバケツ型で、ちょうつがいで開閉する蓋と、側面に把手を備えたものになりました。蓋に、小さなスプーンのための切り込みが入れられたものもあります。

19世紀末以降は、塩入れと胡椒入れ、マスタード入れは相変わらずセットになってはいましたが、型の特徴はなくなります。空想と想像力は止まることを知りませんでした。陶磁器職人は、安価な品をあらゆるテーマで作ることに取り掛かります。鮮やかに彩色され、時にユーモラスな、果物、野菜、甲殻類、動物、子ども、さまざまな職業、といったテーマのアイテムでした。

オイルと酢の容器

アンリ4世の愛妾ガブリエル・デストレはお酢が大好きでした。食卓に置く酢の容器を作らせることを最初に思いついたのは彼女だったのです。オイルと酢を入れるセットの最初の型は《ゲドゥフル》と呼ばれました。ガラスか透明なクリスタルでできた、首がカーブしている2つの容器から成るもので、幅が広く安定した脚部の楕円形のくぼみにおさまるようになっています。17世紀になると、オイルと酢は楕円形か八角形の小箱に入れて食卓に置かれるようになります。小箱の上部には4つの開口部があり、2つはオイルと酢の小瓶のため、残りの2つは瓶の栓を置くためのものです。ロカイユ様式の時代には、小箱ではなく楕円形のトレーが使われるようになりました。トレーには透かし彫りが施されたフレームと栓を置く部分が備えられ、後者にはブドウとオリーヴの木の装飾が施されて、役割がわかるようになっているものです。ルイ16世時代にはトレーが使われ、瓶は青いクリスタルで作られます。

19世紀、オイル入れのセットは金属製の台が使われるようになりました。台には、上部に持つ部分がついた中央の支柱と、4つの輪がついていて、2つは瓶のため、後の2つはより小さくて、栓をはめておけるようになっています。同じ構造で、19世紀の初めにはオイルと酢、そして塩や胡椒、粉砂糖、さらにはマスタードやピクルスまで収められるメナジェールも登場しました。

コレクターの方々へ

古い塩入れ、マスタード入れ、オイル入れセットは価格が安定しています。

立派なオイルと酢の容器は高価です。コレクターの美徳である忍耐力をもって臨めば、台だけをまず見つけ、次にそれに合う瓶を見つけることは可能です。栓が無くなっていることもよくありますが、それも最終的に探し出すことができるでしょう。

3.

4.

5.

6.

ACCESSOIRES ET ORNEMENTS DE TABLE 食卓の装飾品 | 155

2.

3.

4.

Seaux, verrières et dessous de plat
ワイン・クーラー、グラス入れ、大皿のマット

元来は給仕の仕事を楽にするためであった付属的なアイテムが、見事によみがえったものがあります。たとえば、グラス入れとワイン・クーラーは、食卓ではもう使われませんが、プランターとしての新しい使い方が見出されました。こうした、あらためて洗練されたテーブルウェアの愛好者に喜ばれている品々を、紹介します。

グラス入れとワイン・クーラー

18世紀、食卓にはグラスもボトルも置いてありませんでした。飲み物はワゴンの上のグラス入れやワイン・クーラーの中に入っており、使用人によって会食者のもとに運ばれてきたのです。こうした桶状の容器は銀やファイアンス、磁器製で、円形か楕円形でさまざまな大きさがあり、縁のところに切り込みがあり、グラスとボトルを入れられるようになっていました。
19世紀になるとすぐに、個人用のグラスとカラフが食卓に登場するようになります。したがってワイン・クーラーは存在理由を失ってしまったのです。しかし個人用のグラス入れは使われていました。ワインを飲み干した後、グラスを氷の中で改めて冷やしたり、逆にぬるい水の中で温めたりするためです。いずれにしてもワイン・クーラーもグラス入れも、磁器の製造所や有名な金銀細工師、たとえばシャルル＝ニコラ・オディオやブーランジェらによって作られ続けました。こうした容器の優雅さは時空を超え、桶状の容器は今や家庭の中で、プランターとして、あるいは果物や花を入れて食卓のセンターピースとして、新しい役割を見出したのです。

大皿のマット

「テーブルクロスの汚れよけ」とも呼ばれる大皿のマットは、19世紀に登場します。それは陶製の、正方形か円形の装飾のあるボードで、脚はあることもないこともあり、木製の収納ケースにしまわれていました。いくつかのファイアンスの製陶所では、奇抜なモデルを作りました。たとえば、1〜2曲奏でることができるオルゴールがついているものや、キャスターがついているものなどです。ファイアンス以外では、木製、磁器製、鋳造ガラス製、アルミ製のものがありました。あるいは、ニッケルめっきされた銅製のものは、広げることが可能で、皿を温めるウォーマーが付属しています。

ボトルやカラフのマット

当然これらの品は、ボトルとグラスがワイン・クーラーとグラス入れに別れを告げて、食卓の上に置かれるようになった時に生まれたものです。ワインの雫でテーブルクロスが汚れるのを防ぐためのアイテムが不可欠になりましたが、この品が多様化するのは19世紀の終わりのことです。
もっとも単純なものはアルミ製か銅製で、もっとも洗練されたものは、銀めっき製か

1. グラス入れの代用品になっているファイアンスのフォンテーヌ（給水器）。ポン＝ト＝シューあるいはルーアン製陶所。18世紀。

2. 中国風の装飾が施された塗装金属（トール）のグラス入れ。1765年頃。

3. 硬質磁器製のワイン・クーラー。ナスト製陶所、1783-1835年。

1. 銀めっき製の鈴とベルのモデル。
2. 銀めっき製のウォーマーのモデル。
3. 銀めっき製のウォーマー。19世紀。

カット装飾の鋳造クリスタルでできており、周囲を銀製か木製の輪が囲むものでした。クリスタル製のものには、ボトルが当たって傷がつくことを避けるための、金属製の小さな十字の板が付いています。

大皿のウォーマー

フランス式サービスでは、大皿は会食者が席に着く前から食卓に置かれていました。その多くが釣鐘形の蓋で覆われて、中の料理が冷めないようになっていたとしても、ウォーマーは必需品だったのです。18世紀、ウォーマーは金属製の台と炭を入れる容器で構成されていました。19世紀になると、台の金属には銀めっきが施され、熱するためのシステムには、ロウソクを使うものや、容器に入れたアルコールに灯芯を浸して使うものがあります。あるものはシンプルに、台が針金で作られていました。あるいは、台に4本の脚が付き、大皿のマットのような装飾が施されて、ウォーマーとしてもマットとしても使えるものもありました。さらには、銀製のレギュミエに金属製のウォーマーが組み込まれているものもあります。20世紀の初めには、ロウソクを使用する、シンプルで控え目な金属製のウォーマーが金銀細工師によって作られました。

鈴とベル

料理と料理の間に使用人を呼びたい時、主婦は銀やニッケルめっきした銅、あるいは装飾が施された磁器でできた小さな鈴を鳴らしました。鈴には、見かけよりも丈夫なカット装飾のクリスタルでできたものもあります。鈴以外ではベルが使われました。上下に動く方式のベルならば、上部の小さなプレートを手で押します。つまみが左右に動く方式のベルなら、つまみを2方向に動かします。また珍しい物のひとつに、食卓のゴング（ドラの一種）があります。これは、金属製の枠に銅製の輪が取り付けてあり、その輪をツゲでできた槌で叩く、というものです。

1.
2.

ACCESSOIRES ET ORNEMENTS DE TABLE 食卓の装飾品 159

2.

～ Les objets autour du pain ～
パンの周りの品々

中世の時代から食卓に登場していたパンは、控え目ではあっても、料理のお供として最も重要な役割を担っています。パン用のコルベイユが無視できない存在になっている一方で、パン屑取りはあまり使われなくなってきています。

パン屑取り
19世紀の終わり、デザートタイムの前に食卓からパン屑を取り除くのが習慣になります（イギリス人とは異なり、フランス人はパン皿を使いません）。そのために、幅の狭いスコップの形で柄がついた「パン屑掻き」か、半円状で指を入れる輪がついた「パン屑取り」が使われましたが、どちらも柄付きで、毛の柔らかいブラシが付属していました。
ナポレオン3世の時代、漆塗りの圧縮加工された厚紙製のものがたくさん作られましたが、おなじみの装飾、つまり貝殻、パルメット、リボン、ガーランド模様などが施された金属製のものや、マーケトリー※1の施された小物の傑作も数多く作られます。パン屑取りとブラシとパン用のコルベイユはよくセットで作られました。1920年代には、パン屑取りとブラシの延長上にある道具が代わって登場するようになります。回転するブラシが、銀めっき製のケースと一体になっているというものです。

パン用のコルベイユ
「パニエール」あるいは「バネット」とも呼ばれるコルベイユは、18世紀の終わりに食卓に登場するようになりました。初期のものは、楕円形か長方形で、時に正方形でした。ファイアンスか磁器でできている場合は透かし彫りが施され、純銀製の場合は、穴が開いているか装飾モティーフが貼り付けてありましたが、いずれも優雅で見事な出来栄えの品であり、パンだけでなく果物や菓子にも使われました。19世紀後半になると、コルベイユにはパン屑取りとそのブラシが付属するようになり、この3点が新しい素材である銀めっき製やマーケトリー装飾の木製、あるいはパピエ・マシェ（紙張子）で製作されるようになります。19世紀末、アジアから輸入される籐の人気が高まり、また家庭内で使われる柳細工の品が見直されるようになると、程度の差はあっても精緻に編まれ、さまざまに彩色された編み物細工のコルベイユが登場し、それを真似て精巧な細工の銀めっき製品も作られました。

タルティーヌ用のプレート
まな板のような形の絵柄が入ったファイアンス製で、吊り下げられるように穴が空いているタイプのプレートはバターやジャムを塗るために用いるものです。「タルティーヌ用」と呼ばれています。

3.

コレクターの方々へ
パン屑取りは、レストラン以外ではほとんど使われなくなっています。しかし愛好家には人気があり、特にナポレオン3世時代の漆塗り風のものは魅力的で、室内装飾品としてコレクションされています。ブラシが無くなっていたり壊れていたりする状態で売られているものは、商品としての価値は失われていますが、その装飾品としての価値は失われていません。

※1：装飾技法の名称。P.183参照。

1. 古い時代の装飾を模したパン用のコルベイユ。19世紀と20世紀。

2. 左から　貝殻形、スコップ形、ルイ15世様式のパン屑取り。

3. 上から　貝殻形、縁に曲線の装飾、ルイ15世様式、アンピール様式、ルイ15世様式。

THÉ, CAFÉ ET CHOCOLAT
お茶、コーヒー、チョコレートの器

17世紀末には、3種類の新しい飲み物で、生活習慣が一変しました。お茶、コーヒー、そしてチョコレートです。ヨーロッパ中で、これらの異国から輸入された飲み物が一般化するにしたがい、金銀細工師や陶磁器職人たちも大きな影響を受けました。

お茶は中国やインドが発祥で、オランダの東インド会社により、ヨーロッパへもたらされました。フランス人がそれを知ったのは1636年のことです。ルイ14世は、シャムの王より金製のお茶用のカップを贈られてから、お茶の熱心な信奉者となりました。お茶は1840年頃より、ブルジョワの間で広まっていきました。

アビシニア※1に起源をもつコーヒーは、ヨーロッパに1630年頃に伝わり、フランスには1650年以来、マルセイユ港から輸入されるようになります。コーヒーは紅茶をしのぎ、同名のいわゆるカフェという喫茶店ができて庶民に広まる前までは、貴族の間で最も好まれた飲み物でした。

1519年、メキシコ征服の際に、エルナン・コルテス※2が発見したのが「チョコレート」でした。この「神の食品」は、ルイ13世とアンヌ・ドートリッシュ王女※3の結婚によって、1670年頃フランスにもたらされます。1670年から1680年にかけて、西インド諸島（マルティニーク）でカカオの木の栽培をはじめたことにより、この食品の値段が下がり、すべての階級の人たちに広まったのです。

※1：エチオピアの別名。　※2：1485-1547 スペインのコンキスタドール（探検家）。現在のメキシコ高原に存在したアステカ帝国を制服した。　※3：1601-1666 ルイ13世の王妃でルイ14世の母。実家はスペイン・ハプスブルク家で父はスペイン王フェリペ3世。

THÉ, CAFÉ ET CHOCOLAT　お茶、コーヒー、チョコレートの器　163

~ Les verseuses ~
ポット

P.160
ザクセン地方の磁器製ポット、リモージュ製磁器のコーヒーカップ。19世紀。

17世紀末までは、お茶、コーヒー、チョコレートの区別なく、1種類のモデルのポットを使用していました。コーヒーポットとティーポットは、ルイ14世の後半の時代で区別されるようになりました。ティーポットは、もともとかなり小さなもので、あらかじめカップの方に茶葉がを入れ、卵型か洋ナシ型のただお湯を注ぐための用途でした。コーヒーポットには長く曲がりくねった注ぎ口がついていて、把手はふくらみを帯び、蓋は凸型で、上に豆を表す装飾が施されていました。

さまざまな形

茶葉を直接ティーポットに入れるようになってから、ポットの形は大きくなり、小さなパソワールと呼ばれる特有の茶こしが、ポット本体と、注ぎ口の間につけられるようになりました。球状のティーポットは1720年頃から現れます。古いアンティークのティーポットは、イギリスと縁やゆかりのあった都市、リール、ドゥエー、アラス、ヴァランシエンヌ、そしてボルドーやパリで最初に作られたものでした。

最初のコーヒーポットは、17世紀の終わりに作られ、底が平らな「マラブー」と呼ばれるタイプのものでした。東洋の湯沸かしの名前からきており、コーヒーの出し殻が容れ物の底に残るように、注ぎ口が高い位置についているものです。18世紀末になって、「エゴイスト」と呼ばれるお一人さま用、家庭用、10人から12人用の大きなポットなど、いろいろなサイズのものが主に北部で作られました。ルイ14世からナポレオン3世までの間、コーヒーポットの形はほとんど変化していません。バラスター（手すり子）型で、3本脚、把手は突き出ているかS字型で象牙か黒檀製、くちばしの形をした注ぎ口をしています。特に珍しいものとしては白鳥のくちばし型のものもありました。その装飾には様々な種類がありました。面がカットされているもの、脇がまっすぐなもの、ねじれているもの、などです。

チョコレートポットに関しては、コーヒーポットと形も装飾も同じでした。それなりに高さがあり、どちらかといえば洋ナシ型で、3本脚がほとんどです。コーヒーポットとの違いは、蓋の部分に穴が空いていて、ツゲでできた、頭に縦溝のついている泡だて棒を入れられるようになっていることでした。ミルクとチョコレートをその棒でかき混ぜ、泡立てた飲み物にするのは、インド風のやり方とされています。

19世紀末には、ティーセットがとても重要なアイテムとなっていきます。お茶とともにいただくケーキや甘いお菓子、フルーツやシロップのための皿、カトラリー、グラス、大皿などが必要になったのです。これらはサモワールまたは古いフランスの湯沸かしが載せられたビュッフェと呼ばれるサイドテーブルで準備されました。

1925年頃になって、ジャン・ピュイフォルカの影響により、ティーポットやコーヒーポットが完全に一新されます。よりシンプルで低く、また装飾は抑えめで珍しい木材の把手がつけられました。

セルヴィス（食器セット一式）

朝食は、トレー、ティーポット、コーヒーポット、ミルクジャグ、シュガーポット、カップ1つで構成されます。やがてキャバレと呼ばれる喫茶セットが、何客かのお揃いのカップで、コーヒーやお茶のセルヴィスを示すことになります。キャバレはもともとお茶やリキュール用の、小さな丸い、深いプレートのテーブルの名前からきたも

2.

1. ルイ15世様式のお茶またはコーヒーのセット。

2. チョコレートポット。上から、
ルイ16世様式　リボン模様。
ルイ14世様式　卵型装飾、組み合わせ模様。
ルイ16世様式　直線型。
ルイ15世様式　鉤爪型。
ルイ16世様式　パール模様の縁取り。

THÉ, CAFÉ ET CHOCOLAT　お茶、コーヒー、チョコレートの器

1.

1. アシル・ドゥヴリアによる挿絵。1830年。
2. ティーポットのシリーズ。「しずく」模様。洋ナシ型、細かいうね模様鉤爪型　木製の把手。ひょうたん型。
3. 磁器製ティーセットとトレー。19世紀。
4. コーヒーセットとティーセット。ボーンチャイナ。金彩装飾。1910年。

2.

のです。セルヴィスは、サモワールや、保温スタンド、「ジャット・ア・ラベ」と呼ばれる、茶葉やコーヒーの出し殻を集めるお椀なども一緒になっているものもありました。

様式について

初期のポットはロカイユ様式でした。18世紀の後半には3本脚スタイルになり、側面は円柱でらせん状または平らな形でした。ネオクラシック期には古代の瓶、円筒形、壺のような形になります。アンピール期とディレクトワール期[※1]には、古代からの着想を得て、卵型で脚はより高い位置になり、注ぎ口は白鳥のくちばしを模したものへと変化しました。1830年以降、ルイ15世様式、ルイ16世様式がリヴァイヴァルし、うね模様や彫金が施されます。アール・ヌーヴォー期には植物の模様で装飾され、とりわけティーポットの丸みと調和していました。アール・デコ期には様式を一新し、より幾何学的で、装飾を遠慮がちに抑えたフォルムが用いられるようになります。

素材

お茶、コーヒー、チョコレートはそもそも貴族の飲み物でしたので、最初のころのポットはおそらく銀製でした。やがてヴァンセンヌ、セーヴル、パリ、リモージュなどの磁器製や、並行してファイアンス製のものが作られます。19世紀には銀製、銀めっき製のコーヒーポットが好まれるようになりました。この時代の主だった銀食器メーカーの例を少しだけ挙げますと、グラッドパン (Grattepin)、テタール (Tétard)、デュラン (Durand)、ヴェイラ (Veyrat)、オディオ (Odiot)、カルデヤック (Cardeilhac)、クリストフル (Christofle) らは、みな手がけています。お茶やコーヒーのセルヴィスは、すべてのファイアンスや磁器の製陶所で多くの数が、より慎ましやかに作られていました。

ティザニエール（ハーブティーの煎じ器）

ほとんどのティザニエールは、常時ハーブティを温めておけるように、キャンドルやオイルのランプが入れられる、円筒状の容器がポットの下に付いています。
18世紀のティザニエールはあまり存在していません。というのも、ハーブティーは19世紀になって、治療用としてだけではなく、嗜好品として飲まれるようになったからです。アンピール期の頃までは、ティザニエールはまだ非常にシンプルで、白磁の磁器に細いリボンの縁飾りが装飾されている程度のものでした。やがて、そこに小さな絵、風景画などが絵付けされるようになります。やがてルイ18世時代には、有名な作品のリプロダクションで装飾され、シャルル10世時代には歴史、戦闘、神話、聖書風な絵付けが行われるようになりました。中でもアプトやリュネヴィルのファイアンスのティザニエールは、パリやリモージュの磁器製のもの同様、最も美しいものとされています。

※1：1795-1799年。

3.

4.

THÉ, CAFÉ ET CHOCOLAT　お茶、コーヒー、チョコレートの器

1. クリストフル社　ルイ15世様式の同モデルシリーズ。
左上から下へ　クリームポット、ティーボウル、コーヒーポット、湯沸かし、湯沸かし、トレー、シュガーポット、ミルクジャグ、ティーポット。

2. コーヒーポットとカップ。磁器、王政復古期。

3. 純銀製ティーポット、把手は木製。1925年頃。

4. ミルクジャグとティーポット。ホテル用、イギリス。

5. シュガーポット、磁器、豊かな金彩装飾、1925年頃。

1.

コレクターの方々へ

コーヒーポットはティーポットよりも多く出回っていますので、値段も手頃です。銀製のポットは、注ぎ口、脚、把手部分の溶接箇所がきちんとしているか、よくチェックしてください。

チョコレートポットは今日ではあまり使われませんが、デコレーション用オブジェとして、とても美しいものです。ティザニエールは、どこにも欠けたパーツがないか確認しましょう。

刻印が判別でき、かつ正しい場所に入っていれば、古いアンティークのものは倍の値段がつきます。中でも装飾が豊かなもの、古いもの、来歴があるもの、有名な金銀細工師の作品であれば、価値は高くなります。またアール・デコのセルヴィスはとても人気がありますが、美しい磁器のセルヴィスは、まだまだ手が出せる値段です。

銀を塗り直す必要があるでしょうか？

銀の塗り直しはとても高くつきます。時間もかかり、手作業の工程が多くあるからです。銀の剥がれたポットを安く買って、銀張り加工をすれば、同じような良い状態のものを買うより安くつく、というのは非現実的な考えです。

とはいえ、銀の塗り直しは、歴史的に重要なものや、高価なもの、また愛情がこもっている大切なものに施すならば、その価値はあります。漏れる注ぎ口やぐらぐらする把手を修復できるのは、プロだけです。また、ティーポットやコーヒーポットのこもった匂いを避けるためには、角砂糖を1つ、中に入れておきましょう。

2.

3.

4.

5.

1.

THÉ, CAFÉ ET CHOCOLAT　お茶、コーヒー、チョコレートの器　169

～ Les tasses ～
カップ

お茶、コーヒー、チョコレートの新しい飲み物は、その中味に見合った容器を求めました。当初、お茶は中国風に、東インド会社を通して輸入された小さな磁器製のボウルで飲まれていました。把手のついたボウル、すなわち今日カップと呼んでいるものは18世紀前半にマイセン製陶所で作られはじめたようです。また軟質磁器の精巧さと軽さは、理想的な素材であったため、偉大な装飾家たちがカップ製作を手がけました。

最初の形

お茶とコーヒーは、当初はとても珍しく貴重で、富裕層に限られた飲み物でした。やがて軟質磁器の窯であるサン＝クルー、ヴァンセンヌ、セーヴル、シャンティー、ムネックなどで、手彩色の繊細優美な絵付けのカップが作られるようになります。初期の頃は1種類の形しかなく、上に蓋があり、時にはお茶、時にはコーヒーがサービスされていました。

18世紀中頃になって、サン＝クルー、ヴァンセンヌ、セーヴルでいくつかの種類のサイズのカップが考案されます。最も小さなサイズは「ミニョネット（小さくてかわいい）」と命名されました。また最も一般的サイズは6センチメートルの高さのものでした。18世紀末には、カップは飲み物によって分けられ、コーヒーカップはリトロン型、これは円筒型で口径と高さが同じサイズのものに、チョコレートカップはより

1. 磁器製ティーカップ、金彩リボン装飾、狼の歯模様、リモージュ、19世紀。

2. ソー窯の磁器製カップ＆ソーサー、18世紀。

3. 両把手付の蓋つきカップ、ロカイユ様式、Custine窯印入り、ニデルヴィレ。18世紀。

4. 葉模様と丸襞装飾のカップ。硬質磁器。1880-1890。

5. トランブルーズ※1のカップとソーサー。セーヴル製陶所、1902-1907。

6. 磁器製カップ＆ソーサー。ヴァンセンヌ製陶所、1753。

7. 磁器製「ミルクカップ」のゴブレット。マイセンやサン＝クルーの東洋モチーフに倣って。ヴァンセンヌ製陶所、18世紀。

※1：P.170参照。

| THÉ, CAFÉ ET CHOCOLAT　お茶、コーヒー、チョコレートの器

1.

2.

3.

小さな用語辞典

tasse（カップ）という言葉は、オリエンタルの製陶所、主にティルス※1から輸入された、tasaというアラビア語から来ています。中世までは、この言葉は飲み物の杯を意味し、銀製やヴェルメイュで作られていたもので、これでワインやアルコールを飲んでいました。今日tasseと名付けているものは、18世紀にはgobelet（ゴブレ）と呼んでいたのです。

1. 硬質磁器製の「ア・ラ・レーヌ（王妃風）」、アルトワ伯爵庇護下でのリモージュ。1774-1789。
2. アンピール期の磁器製カップ。
3. 硬質磁器製アイスクリーム用カップ、狼の歯模様の網飾り。ピエール・アントワーヌ・アノン製陶所、パリ、1775。
4. 磁器製カップ、小さな花飾り。リモージュ製陶所、19世紀。
5. ムスタッシュ・カップ。リモージュの白磁、19世紀末。
6. 「ザ・ウェイトレス」（「女中」）ジョン・ロベルト・ディクシー作、油彩画、1872。
7. ティーカップ、ソーサー、デザート用お皿、イギリス製磁器。ロイヤル・ドルトン、19世紀末。

大きく両把手がつけられ、そしてティーカップは微妙に広がった形になっていきます。1784年、金彩はセーヴル窯だけの独占ではなくなった一方で、カオリンの発見により、硬質磁器の製陶所がパリ、リモージュ地域で多数作られるようになりました。これらの製陶所では、貴族たちの希望に応じて豪華な装飾を作らせていました。また、白磁に小さな花柄装飾だけを入れる製品の隣で、カップ全体に多色で装飾を施し、金彩で強調するような製品も作られました。アンピール期には、多くの磁器職人たちが、絵付けを「シャンブルラン」と呼ばれた室内画家たちに委託しました。やがてリモージュの磁器職人たちは、純白で、薄手の磁器のように軽い、「ムスリン」という傑作を生み出します。お茶にとって理想的なその色は、大変高く評価されました。

「トランブルーズ」または「ア・ラ・レーヌ（王妃風）」？

「トランブルーズ」と呼ばれるカップは、ソーサーの底が深くくぼみ、カップをはめこんで安定させるタイプのものです。たいていは両把手がついていて、中にはチョコレート用に使用されたであろう蓋つきのものもありました。「ア・ラ・レーヌ」または朝食用には「ミルク用ゴブレ」と呼ばれるカップは、円錐台状で端整な形をしており、深いソーサーは、朝食用としてセーヴルによって考案されました。把手や蓋がないものもあり、また把手が1つのもの、両把手付きのもの、蓋付きのもの、などさまざまな形状のものがありました。

「ゴブレ・カラブル」と呼ばれるカップは、下部がすこし丸みを帯びていて、上部の口部分は少し広がっているタイプのものです。「リトロン」は、蓋があるものもないものもありますが、円筒型をしています。これがコーヒーカップの先祖となるものです。アンピール期には、「ジャスマン」と呼ばれるチョコレート専用のカップが考案されました。口部分がやや広がった形で、高台部分があり、獣のかぎ爪の装飾がされています。把手は大きく曲がりくねって、カップよりも高い位置にまで伸びていました。

「カナール」は、角砂糖をいれて、コーヒーを数滴垂らす用の極小サイズのものです。「濾過用」カップは、ハーブティー用の、とても大きなサイズで、フィルターとなるパーツが付いているものです。ブイヨンカップは、大きく広がった形で、蓋がつき、側面に両把手がついたものです。

コレクターの方々へ

たとえそのカップと同じシリーズのポットや、クリーマーなどがなかったとしても、半端ものとセットと決めつけるのはやめましょう。それに、多くのコレクターは、純銀または銀めっき製のティーポットやクリーマーなどを好みます。ポースレン・ド・パリ（パリ窯の磁器）は、その希少性から考えると、比較的リーズナブルな価格で出回っています。カップ内部に、外側と同じ装飾が施されていればより高くなりますし、サインが入っていれば更に価値は高くなります。種類も多く、値段もお手頃なものが出回っていて魅力的なのはリモージュですが、他にもあります。逆に18世紀のものの、価格は高騰しています。

※1：現レバノン南西部。

THÉ, CAFÉ ET CHOCOLAT お茶、コーヒー、チョコレートの器

1.

1. イギリスのカタログより、ティーカップ・シリーズの装飾と形の例。

2. 上段：フランスのさまざまな地域のファイアンスの食器。19世紀、20世紀。

下段：イギリス製ミントン窯の磁器製カップ、フランス製サルグミーヌ製陶所のカップ。

3. コーヒーのセルヴィス　リモージュ製磁器。花模様のメダイヨン装飾。

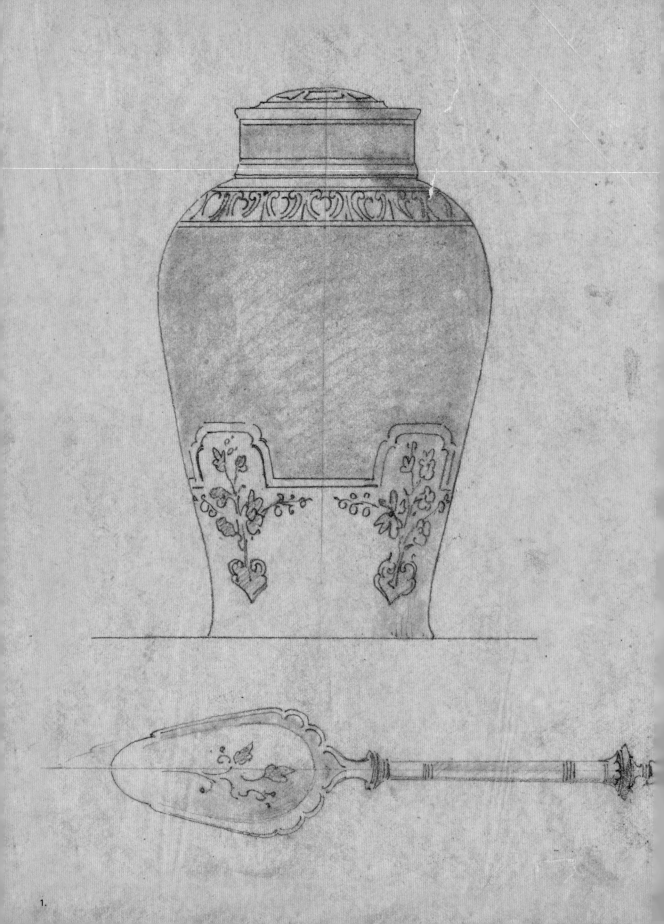

THÉ, CAFÉ ET CHOCOLAT　お茶、コーヒー、チョコレートの器　| 175

1. 洋ナシ型のティーポットのデッサン。底に曲線模様で埋め込まれたブーケ装飾。スプーンとともに。クリストフル・アーカイヴより。
2. シノワズリーのファイアンス製トレー。リュネヴィル製陶所、17世紀。
3. 銀めっき製トレー。
4. 磁器製トレー。ヴァンセンヌ磁器製陶所、18世紀。
5. 木製トレー。マーケトリー装飾、1900年。
6. 中国のファミール・ヴェルト（緑地の素三彩）の装飾を模した磁器製トレー。サン＝クルー製陶所、18世紀。

～ Les accessoires ～
お茶の周辺道具

朝食、ティータイム、コーヒータイムなどには、トレー、シュガーキャスター、シュガーポット、ティーストレーナー、ジャムポットなどがただ置かれているだけで心地いいものです。これらは洗練された食卓を演出をする、装飾品なのです。

お揃いのトレー

銀製の洗練されたモデルから、ビストロ用の木製のもの、そして籐製品、マーケトリー装飾、ペイントされたトール製品にいたるまで、非常に多くの種類があります。トレーのコレクターというのはあまりいないため、手頃なものも多いです。

18世紀には、トレーは食器セットや特別な皿を載せる飾り盆のような役割でした。同じ素材で作られており、形も同様でした。丸いトレーは煮込み料理の蓋付き鉢用に、楕円形のものはテリーヌ容器やお碗用に、非常に装飾豊かな銀製か、繊細に手彩で絵付けされた磁器製のものでした。同様に「昼食」、お茶、コーヒーは、その食器とお揃いの丸、四角、三角形のトレーで供されました。磁器製か金銀製の小さなサイズのトレーも多く作られました。たとえばアイスクリーム用カップ、ミルク用セット、クリームポットを乗せるためのものなどです。もっと小さいもので言えば、オイル＆ヴィネガーの薬味入れ、バター容器、シュガー容器のためのトレーもありました。

プラトー・ドゥ・セルヴィス（サービス用トレー）

19世紀には、サービス用のトレーは不可欠なものでした。シンプルなトレーで、ビストロ風の、ニスを施したオーク材やクルミ材の木製のものがほとんどでした。いろいろなサイズがあり、一般にはお茶、コーヒー、リキュール用に使われていました。もっと豪華なものの中には、マーケトリーが施され、イギリスのように小さなテーブル部分が取り外しのできる形のものもありました。19世紀末にはパピエ・マシェや、黒地にペイントされたトール製品も現れました。外国、とりわけ中東、中国、日本などからの影響も大いに受けました。インドシナやシリアの、パール（螺鈿）が入った木製のトレー、藁のマーケトリーや籐のトレーなどが、以降は伝統的なトレーと競合するようになったのです。ところが電気分解法による銀めっきが登場し、結婚式の食器セットなどでは、かつての様式、特にロカイユ様式の装飾である、把手に繊細な彫りが施された豪華なトレーも作られるようになりました。

20世紀初頭、アール・ヌーヴォー期には木はとても人気のある素材でした。とりわけ明るい色調の果物の木に、植物を想起させるデッサンがマーケトリーで施されているものが好まれました。やがてアール・デコ期になると、銀製のトレーで把手や柄の部分が貴重な木材やピエトラ・ドゥーラを用いたものや、また、とてもシンプルな杢目調で、縁がクーペ型、またはシルバーが内張りされたトレーなどが、後に続きました。

2.

3.

4.

5.

6.

| THÉ, CAFÉ ET CHOCOLAT　お茶、コーヒー、チョコレートの器

1. さまざまなシュガーキャスター：
左から　クリスタルの結合された蓋、平たいリブ。
1箇所の穴の空いた蓋、クリスタル。
卵型、縦溝装飾、メタル製。
ルイ16世期、メタル製。
パールグレーの蓋、クリスタルの胴体。

3. 銀製シュガーパウダー容器2つ。
18世紀、銀製ボウルとシュガースプーン。ヴェルメイユのスプーン。

1.

2. 木製のティーテーブル2台。シルバープレートのコレクション。お茶のセット、コーヒーのセット。

2.

シュガーキャスター

砂糖は、塩や香辛料と同じように、珍しい食品とされていたため、食卓に独立して置かれる前は、鍵をかけて管理されていました。17世紀より、飲み物だけでなく、お料理のソースにも砂糖をたくさん使うようになります。シュガーキャスターは、17世紀中頃から18世紀中頃にかけて、使用されました。当初は円錐台状でしたが、1700年頃にはバラスター型になります。2つの部分をねじで締めるか、またはぴったりはめこむもので、中味は底から入れてコルクの蓋で閉めるか、上部から入れ、穴が開いている頭の部分を回して、胴体部分と繋げました。もともとはこの容器は金銀細工製品でしたが、「グラン・フー（高温焼成）」の技法によって、初期のファイアンス製のものが作られ始めます。ヌヴェールではコバルトブルーが、ルーアンではランブルカン模様や金物工芸風のもの、ムスティエでは「ア・ラ・ベラン（ベラン様式）」の装飾が特徴的です。

「プティ・フー（低温焼成）」の技法によって、サンスニーの中国風モチーフ、マルセイユのサン＝ジャン＝デュ＝デゼールやルロワ、ストラスブールのアノンにおける緻密な装飾が、後に続きます。リュネヴィルやニデルヴィレの上質ファイアンス窯は、シャンティー、サン＝クルー、ヴァンセンヌ、セーヴルの軟質磁器同様、もう残っていません。同様にガラス製のシュガーキャスターも存在しました。もともとはノルマンディ地方で作られたシンプルなもので、細いすらりとしたものはトゥールがその起源です。とても美しいオパリンガラスのものや、カット装飾のクリスタル製のものは、クリシーやサン・ルイ、バカラのものでした。1750年頃にはこのシュガーキャスターは消滅し、スクリエと呼ばれるシュガーボウルやシュガーポットに取って代わられます。

シュガーポット、シュガーボウル

シュガーキャスターは、シュガーボウルに取って代わられるようになります。シュガーボウルは小さな楕円形のテリーヌ型で、ゴシック式花形装飾の4つ葉飾りまたはは多葉飾りで装飾され、小さなトレーが付き、または独立しており、砂糖をまぶすための小さな銀製または磁器製の穴の空いたスプーンが添えられていました。これらはシュルトゥ[※1]の1つでした。先端が軽く持ち上げられた、船の形をしたネフを思い出させるものもあります。丸いシュガーポットは、朝食用に用いられたものです。
甜菜（てんさい）から砂糖を抽出する方法の発明によって、アンピール期に甜菜糖は一般化し、シュガーボウルの種類も広がっていきます。しかしながら、シュガーボウルは卓上からは姿を消し、代わりにデザートタイムには透明なクリスタルに、銀製の穴が空いている蓋のタイプのシュガーキャスターが現れるようになります。すべてがメタル製のものなど、過去のバラスター型のシュガーキャスターの形がリヴァイヴァルしたのです。一方シュガーボウルは、デザートのときではなく、温かい飲み物と一緒に添えられるようになり、コーヒーやお茶のトレーに載るようになりました。
銀製、銀めっき製、磁器製などさまざまな素材で作られ、クリーマーや飲みもののポットとセットなっているのがほとんどです。

※1：装飾用センターピース。P.147参照。

| 178 | THÉ, CAFÉ ET CHOCOLAT　お茶、コーヒー、チョコレートの器

1. さまざまな柄つきティーストレーナー。

2. ティーポットの注ぎ口につけるティーストレーナー。

3. 銀とクリスタル製ボンボニエール。1920年代。

4. 磁器製シュガーボウル。矢車菊装飾。

5. クリスタル製シュガーキャスター。蓋は銀めっき製。王政復古期、クリストフル。

6. 小さなアイスクリーム用のクープ。銀めっき製、19世紀。

P.180-181
「グリーンサラダのある静物」エドゥアール・ヴュイヤール。1887-1888年頃。

コンフィチュリエ（ジャムポット）

フランス革命前夜、食事の終わりにジャムを食べるとという、おそらくインドから入ってきたと思われる習慣が広まり、19世紀を通して日常化しました。フロマン・ムーリスやヴェイラのような金銀細工師は、とても美しい、見事な形のコンフィチュリエを製作しました。クリスタルの鉢に蓋がついており、周りは繊細に細工されたメタルで囲まれ、台座付きで高さのあるものなどです。周りは小さい刻み目がついていて、小さなスプーンを12本ほど入れられるようになっていました。ディナーテーブル用ではなく、朝食用のコンフィチュリエは、もっと慎ましやかなものでした。総クリスタルの容器に蓋つきで、蓋だけは銀めっきタイプのものもありました。これらには、小さな溝穴が空いており、そこにスプーンを差し込むようになっています。

ビスケットボックス＆バスケット

おそらくイギリスが起源なのでしょうか、磁器またはカット装飾や型押しクリスタルでとても繊細に作られた容器で、把手と蓋の部分はメタルになっています。小樽型か、単に円筒型、正方形、長方形などの形がありました。

コレクターの方々へ

シュガーキャスターはとても珍しいものです。ルーアン窯のファイアンスで作られたバラスター型のものは、特に垂涎の的になっています。一方、クリスタルのコンフィチュリエはそれなりに数があります。ジャムの果実の色が楽しめる、愛らしいアイテムですね。

1.　　　　2.

付録

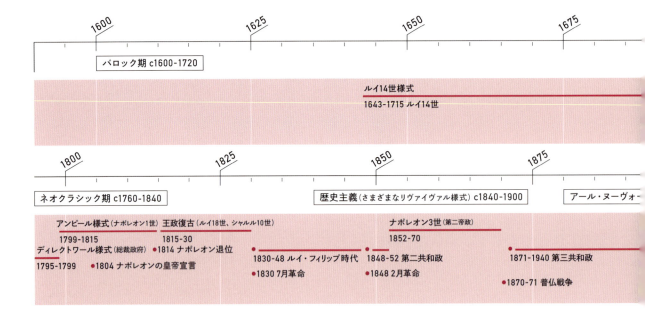

～用語集〈技法・装飾の名称〉～

ヴェルメイユ
フランスでは、純銀 (950/1000 または 800/1000) に18金を5ミクロン以上コーティングする技法で、カトラリーなどに多く用いられた。銀に金をコーティングする非常に高価な製品の数々は、王族や貴族に愛好された。なお、ヴェルメイユの定義は国により異なる。

カマイユ
単色の濃淡で描く絵付け法。

ガルーシャ
エイやサメの皮。及びその細工品。18世紀にこの技法を発明したジャン＝クロード・ガルーシャの名前が由来。アール・デコ時代に再び流行となる。肌理の細かいものは、ネコザメやサメの皮を使用、粗いものはエイの尾であることが多い。

グラン・フー
錫釉陶器における、焼成方法。生の釉薬の上に直接絵付けをして、900度くらいの高温 (グラン・フー) で焼成する。高温に耐え得る顔料は、青 (コバルト)、パープル (マンガン)、緑 (銅)、赤 (銅)、黄 (アンチモン) の5色に限られる。

クリスタル
酸化鉛を含んだ鉛クリスタルガラスのこと。透明度、反射率、屈折率が高い。

軟質磁器
カオリンを含まず、フリット (ガラス質) を多く含み、白土、石灰、硅砂などを調合した胎土を焼成した、透明性が高い磁器。

パルメット模様
ヤシの葉の団扇模様。古代エジプト以来最古の模様の一つ。

ピエトラ・ドゥーラ
メノウや水晶などの硬い石。及びその細工品。様々な種類の宝石・貴石を一定の意匠に従って組み合わせたパネルのことを意味する場合もある。

ファイアンス
イタリアの陶業地ファエンツァに由来する語で、フランスでは錫釉色絵陶器の総称。近代のファイアンス・フィーヌ (上質陶器) は、透明の鉛釉が施されている。

プティ・フー
17世紀末より登場した、錫釉陶器における、焼成方法。グラン・フーに対する言葉で、すでに錫釉で焼成された素地に、エナメル彩を施して600度～700度の低温 (プティ・フー) で焼成する技法。

フェストーン
花や枝葉、果実、穀物等を帯状に巻き、2点間に緩やかにつり下げた形を示す装飾。花綱 (はなづな) 装飾ともいう。なおガーランド装飾は個々の花飾りを指す。

ベラン様式
グロテスク模様に想を得て、小さな人物や神話上の動物、仮面、花綱などで構成される模様のこと。

ポショワール
絵柄の形に切り抜いた型 (金属製、紙製など) を転写したい場所にあて、上から顔料を塗り絵柄を着彩する技法。英語ではステンシル、日本語では合羽刷りに相当するが、フランスのポショワールは、これらよりも高度に技巧化した卓越した技法とされている。

マーケトリー装飾
さまざまな色や形の木片や、象牙や螺鈿、または金属といった素材を成形したものを組み合わせた絵柄や文様から成る装飾のこと。オランダ人によって完成された技法で、16世紀には質の高い製品が作られるようになり、18世紀後期から19世紀初頭に、人気が復活した。

フランスの様式年表

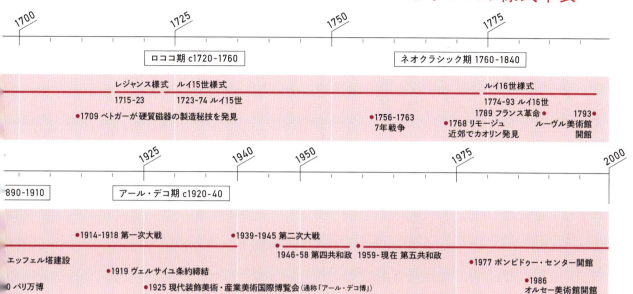

フランスの主な窯場

メダイヨン
円や楕円の中に肖像画や寓話が描かれた装飾模様のこと。

モノグラム
氏名や商標等を表す組み合わせ文字。当初は1字であったが、現在では2字以上組み合わせて図案化し、マークのように用いられるものを指す。

ランブルカン（垂れ飾り）模様
装飾用語で垂れ飾り模様の意味。テーブルアートでは銀器や陶磁器の模様に用いられ、16世紀中頃から18世紀初頭にかけて特に人気があった。

レイヨナン（レヨナン）装飾
17世紀後半のルーアンで発達した、陶磁器の絵付け様式。ふんだんな装飾がほどこされた縁から、中に放射線状に向かって広がっている模様。後にヌヴェール、ムスティエ、マルセイユなどのファイアンス窯やサン＝クルーの軟質磁器窯でも採り入れられ、装飾様式としての人気は、1740年代まで続いた。

ロカイユ様式
小石を模した装飾。貝や水しぶき、渦巻きなどの模様を用いる。ロココという名の由来になった。

※本項は原書に掲載されていない日本語版限定の付録となります。ご了承ください。

Bibliographie／原書参考文献

一般書

Dictionnaire des antiquités et de la brocante, Jean Bedel, Éditions Larousse, 1983.

Histoire de la Table, Pierre Ennès, Gérard Mabille, Philippe Thiébaut, Flammarion, 1994.

Histoire des objets de cuisine et de gourmandise, Sylvie Girard, Grancher, 1991.

Histoires de tables, Jacqueline Maillart et Pascal Hinous, Flammarion, 1989.

Versailles et les tables royales en Europe, Réunion des Musées nationaux, 1993.

Les Arts de la table français, Inès Heugel, « Carnet du chineur », Éditions du Chêne, 2000.

ファイアンスと磁器に関する書籍

Les Barbotines, Pierre Faveton, Éditions Massin, 1990.

La Faïence fine française, Dorothée Guillemé-Brulon, Éditions Massin, 1995.

Les Faïences d'Apt et de Castellet, Marc Dumas, Édisud, 1990.

Les Faïences parlantes, Édith Mannoni, Éditions Massin, 1989.

La Porcelaine, A. Dubreuil, Dunod, 1985.

La Porcelaine française, Claire Dauguet et Dorothée Guillemé-Brulon, Éditions Massin, 1980.

La Porcelaine de Limoges, J. Albis et C. Romanet, Éditions Sous le Vent, 1980.

金銀細工に関する書籍

Guide de l'argenterie, Henri Bouilhet, Hachette, 1986.

Précis d'orfèvrerie ancienne, Arnould de Charrette, Impr. Edimen, 1986.

L'Orfèvrerie française, V. Alemany-Dessaint, Baschet et Cie, 1988.

クリスタルに関する書籍

Baccarat, J.-L. Curtis, Éditions du Regard, 1991.

Lalique, J.-L. Mortimer, Éditions Atlas, 1990.

Saint-Louis, Gérard Ingold, Éditions Denoël, 1986.

Verrerie d'usage et de prestige, Jacqueline Bellanger, Éditions de l'Amateur, 1988.

Remerciements／謝辞

ご協力いただきました、以下の方々に感謝致します（敬称略）。

中でも、写真家のクリスティアン・サラモンには深く感謝しております。

Christian Sarramon

Inès, Béatrice Augié(« Jardin secret », à Deauville), Ysabel et Pierre Bels, Safia Bendali, Élisabeth Brac de La Perrière, Franck Delmarcelle, Clodine Demoncheaux, Denise et Jean-Marie Derisbourg, Martine de Fontanes(« La Maison d'Uzès », à Uzès), Brigitte Forgeur, Christine et Michel Guérard(à Eugénie-les-Bains), Dorothée de la Houssaye, Jean-François Le Guillou(marché Vernaison, à Saint-Ouen), Anne-Marie Mesnil(« La Maison de Tara », à Boissy-Maugis), Béatrice Pelpel, Chantal et François Perrard, Pascale et Philippe Pierrelée, Nello Renault, Caroline de Roquemaurel, Caroline de Roquette, Jean-Claude Roucheray, Catherine Synave, ainsi que L'Argenterie de Turenne(à Paris) et la Maison d'Horbé(à La Perrière, dans l'Orne).

また、下記の機関・担当者にもご協力をいただきました。併せて御礼を申し上げます（敬称略）。

Musée Christofle(à Saint-Denis)-Anne Gros, Magali Lacroix

Manufacture de porcelaine Haviland(à Limoges)

Musée de Sarreguemines

Photothèque Hachette-Sylvie Gabriel

Crédits photographiques／掲載写真クレジット

以下を除く掲載写真はすべて、クリスティアン・サラモンの撮影

© ADAGP : p.180-181. © Archives Christofle(dessins originaux) : p.76, 87, 141, 144(n° 5), 153(n⁰ˢ 4, 5), 174. © Bridgeman Art Library : p.171(n° 6). © Robert Canault : p.18(n⁰ˢ 1, 3, 4, 5, 6), 28(n° 2), 39, 42, 45(n° 8), 50, 51, 52, 53(n° 2), 69(n° 2), 121, 125, 128, 131(n° 4), 132, 139(n⁰ˢ 5, 6), 148(n° 4), 151(n⁰ˢ 3, 4, 5), 155(n° 2), 170(n° 2), 175(n⁰ˢ 2, 3, 5). © Collection Kharbine-Tapabor : p.10, 34, 164. © G. Dagli-Orti : p.4-5. © Haviland : p. 44(n⁰ˢ 4, 5, 6). © Pierre Javelle : p.171(n° 5). © Musée de la Chasse et de la Nature : p.113, 135. © Musée de Sarreguemines, Ch. Thévenin : p.23, 27(n° 3), 28(n° 1), 43, 63(n° 6), 69(n⁰ˢ 3, 4). © Laurent Parrault : p. 13(n° 6), 64. © Photothèque Hachette : p.16, 17, 20, 27(n⁰ˢ 2, 4), 28(n° 3), 33(n⁰ˢ 2, 3), 46(n° 2, 3), 57, 61, 62(n⁰ˢ 1, 2, 3), 117, 169(n⁰ˢ 2, 3, 5, 6, 7), 175(n⁰ˢ 4, 6). © R.M.N. : p.18(n° 2), 21, 33(n° 4), 40, 44(n⁰ˢ 1, 2, 3), 49, 136, 155(n⁰ˢ 3, 4), 169(n° 4), 170(n⁰ˢ 1, 3), 180-181.

以下を除く本文掲載の図版は全てクリストフル

© Photothèque Hachette : p.12. © Pepin Press : p.15, 24, 62(n° 4の上2点), 66(n° 1の3点), 122(n° 2), 139(n° 4), 172.

カバー写真：クリスティアン・サラモン

著者：イネス・ウージェル

装飾美術とアンティーク専門のジャーナリスト。アール・ド・ヴィーヴル（暮らしの芸術）に関する執筆活動を主に行う。『エル・デコラシオン』『マリー・クレール・メゾン』誌などに寄稿。主な著書に『魅惑のアンティーク照明　ヨーロッパ あかりの歴史』（西村書店）などがある。

写真：クリスティアン・サラモン

1942年生まれ。編集者を経て1980年代よりインテリアや美術に関する雑誌の写真を手がける。代表作に『Dans le jardin de nos grands-mères』（Éditions du Chêne社／未邦訳）などがある。

監修・訳：河合恵美（かわい・えみ）

駒澤女子大学非常勤講師。一般社団法人 西洋アンティーク鑑定検定試験協会 代表理事。上智大学文学部仏文学科卒業後、美術館勤務を経て渡仏。1997年から2008年までパリ日本文化会館にて勤務。2010年、フランス・パリのオークションハウス附属学校 Drouot Formation にてアンティーク・ディーラーコースを修了、同年フランス国立骨董組合およびドルーオー・ホールディングス認定ディプロマ取得。20年に渡るフランス滞在を経て帰国後、西洋装飾美術・アンティークの普及に努め、フランス政府公認機関アンスティチュ・フランセ東京をはじめ、各カルチャースクールにてアンティーク講座を開講。主な監修協力書に『西洋骨董鑑定の教科書』（小社刊）がある。

訳：中山久美子（なかやま・くみこ）

共立女子大学非常勤講師。西洋アンティーク鑑定検定試験協会認定アンティーク・スペシャリスト。上智大学文学部仏文学科卒業後、早稲田大学文学研究科博士後期課程単位取得退学。専門は19世紀フランス美術史。1992年から2007年まで川崎市市民ミュージアムに学芸員として勤務。著書に『印象派とその時代　モネからセザンヌへ』（共著・監修 三浦篤・中村誠／美術出版社）、訳書に『魅惑のアンティーク照明　ヨーロッパ あかりの歴史』（イネス・ウージェル著／西村書店）がある。

美しいフランステーブルウェアの教科書

2018年12月7日　初版第1刷発行

著者：イネス・ウージェル

写真：クリスティアン・サラモン

監修・訳：河合恵美

訳：中山久美子

装丁・DTP：小松洋子

校正：株式会社 鷗来堂

制作進行：関田理恵

発行人：三芳寛要

発行元：株式会社パイ インターナショナル

〒170-0005 東京都豊島区南大塚2-32-4
tel 03-3944-3981　fax 03-5395-4830
sales@pie.co.jp

印刷・製本：シナノ印刷株式会社

©2018 PIE International
ISBN978-4-7562-5129-9 C0077
Printed in Japan

本書の収録内容の無断転載・複写・複製等を禁じます。
ご注文、乱丁・落丁本の交換等に関するお問い合わせは、小社までご連絡ください。

LA PASSION DES ARTS DE LA TABLE ©2005, Hachette Livre-Editions du Chêne
All rights reserved.
Text: Inès Heugel Photographs: Christian Sarramon
Japanese translation rights arranged with Hachette Livre-Editions du Chêne
Through Tuttle-Mori Agency, Inc.,Tokyo